계명대학교 출판부
KEIMYUNG UNIVERSITY PRESS

Korean Alive Intermediate Ⅳ

살아있는 한국어 Ⅳ

계명대학교 한국어학당
Korean Language and Culture Center
Keimyung University

Korean Language

머리말

말을 배운다는 것은 참으로 오랜 시간을 필요로 하는 것 같다. 많은 사람들은 어린 아이가 말을 깨쳐 가는 과정을 보며 그 빠른 속도에 놀라워한다. 그러나 어린 아이가 '제대로 된' 의사소통을 하기까지 걸리는 시간을 생각해 보면 모국어 습득이라 할지라도 단 시간에 이루어지는 것이 아니다. 하물며 외국어야 더 말할 나위 없을 것이다.

급하게 먹는 음식이 체하기 쉬운 것처럼 말이라는 것도 일정한 시간과 공을 들여야 하는 것이라면, 그 기간을 무리하게 줄이는 방법보다는 차라리 차근차근 익혀갈 수 있도록 안내해 주는 교재가 필요할 것이다. 그 먼 길이 너무 험하지 않도록 돌부리를 골라내고 끊어지지 않도록 다리를 놓아주고 지루하지 않도록 길동무를 해줄 수 있는 그런 교재 말이다.

시중에는 많은 교재들이 출간되어 있다. 각각 다른 기획 의도 하에 각기 다른 장점들을 가지고 있는 것으로 안다. 이 교재를 기획하며 우리 집필진은 다음과 같은 몇 가지 사항을 목표로 삼았다.

첫째, 한국어를 접하는 학습자들에게 한국어가 '재미있는 언어' 임을 알게 하자는 것이다. 그래서 교실에서 활용할 수 있는 여러 가지 재미있는 게임과 활동을 단원의 주제에 맞게 제시하였다.

둘째, 한국어를 '쉽게' 배우도록 하자는 것이다. 단원과 단원 사이의 연계성과 난이도 조절에 무척 많은 고심을 하여 가능한 한 쉽게 접근할 수 있도록 하였다.

셋째, 배운 내용을 생활에서 곧바로 쓸 수 있도록 하자는 것이다. 그런 점을 고려하여 이 책에서는 구어체인 '해요체' 가 먼저 제시하고 단원마다 학습자들이 실생활에서 접할 수 있는 기능과 상황을 중심으로 구성하였다.

넷째, 학문 목적의 학습자들을 위하여 쓰기와 읽기 능력을 향상시킬 수 있도록 하자는 것이다. 매 단원 종합 문제에서 쓰기와 읽기 자료가 제시된 것은 바로 이 때문이다.

이 교재는 부교재인 워크북과 함께 사용될 것이다. 워크북을 통해 학습자는 더 다양한 연습 활동으로 한국어 실력을 향상시킬 수 있을 것이라고 생각한다.

책이 나오기까지 한국어학당 여러 선생님들의 정성과 노고가 있었다. 직접적으로 교재 개발에 참여한 선생님들은 물론 주위에서 보이지 않는 성원과 도움을 아끼지 않았던 많은 분들의 수고에 감사드린다. 또한 김기환 팀장님과 제갈 상수 팀장님, 정지용 선생님 등 행정팀의 지원과 출판부의 여러 선생님들의 수고에 감사드린다. 덕분에 작업과 출판 과정이 순조로울 수 있었던 것 같다. 일일이 열거할 수는 없지만 각종 자료 수집과 편집에 도움을 준 주변의 많은 분들에게도 감사를 드린다.

이 책이 실제 수업에서 교사와 학습자에게 유익하게 사용되기를 기대한다.

2008년 7월

계명대학교 한국어학당

소장 김 선 정

일러두기

《살아있는 한국어 Ⅳ》는 한국어 3급 과정을 마친 학습자들이 쉽고 재미있게 한국어 실력을 향상시킬 수 있도록 만든 교재이다. 한국에서 유학하고자 하는 학습자는 물론이고 일반 목적의 학습자들이 실생활에 필요한 기본적인 표현과 문법 요소들을 익힐 수 있도록 하였다. 또한 의사소통에 필요한 기능을 중심으로 구성되었으며, 다양한 과제 활동을 통해 학습자들이 여러 가지 상황 속에서 한국어 문법과 표현들을 익힐 수 있도록 하였다. 본 교재를 통해 학습자들은 말하기, 듣기, 쓰기, 읽기의 모든 언어활동 능력을 키우게 될 것이다.

본 교재는 20개의 단원으로 이루어져 있으며 총 200시간 정도의 한국어 수업 시간을 고려하였다. 각 단원은 『본문』, 『문법 및 표현』, 『종합연습』, 『읽기』, 『쉬어 갑시다』로 구성되어 있다. 이 중에서 『쉬어 갑시다』는 좀 더 다양한 내용으로 구성하고자 하였다.

교재 구성

본문

↓

대답하세요

↓

문법 및 표현

↓

종합연습

↓

읽기

↓

쉬어 갑시다

1. **『본문』**은 대화문을 중심으로 구성하였다. 본문의 내용과 어울리는 적절한 그림과 함께 제시하여 학습자들이 본문의 내용을 유추하고 교사와 함께 다양한 대화를 나눌 수 있도록 하였다.

2. **『대답하세요』**는 본문의 내용과 관련된 질문으로 학습자들의 본문에 대한 이해 정도를 확인할 수 있도록 하였다.

3. **『문법 및 표현』**에서는 해당 과에서 배워야 할 문법과 표현, 그리고 그에 해당하는 적절한 예문들을 제시하여 학습자들의 이해를 돕고자 하였다. 그리고 빈칸을 두어 학습자 스스로가 배운 문법을 활용하여 문장을 만들어 볼 수 있도록 하였다.

4. **『종합연습』**은 해당 과에서 배운 문법과 표현 등에 대한 연습 문제와 말하기, 듣기, 쓰기 등의 기능을 향상시킬 수 있는 다양한 연습 활동을 제시하였다. 말하기, 쓰기, 듣기 관련 연습은 통합 형식으로 구성하여 학습자들의 의사소통 능력 향상에 도움을 주고자 하였다.

5. **『읽기』**는 해당 단원의 주제 및 소재와 관련된 읽기 자료를 제시하여 학습자들이 한국어 읽기 능력을 배양할 수 있도록 하였다. 글을 읽고 내용과 관련된 질문을 통해 학습자들이 내용을 이해했는지를 파악할 수 있도록 하였다.

6. **『쉬어 갑시다』**는 단원을 마무리하면서 단원의 목표 문법이나 표현과는 관계없는 과학, 문화, 사회 등 여러 분야의 폭넓은 주제를 통하여 학습자들에게 특정 주제와 관련된 어휘와 생각거리를 제공하고자 하였다.

내용 구성

과	제목	기능	문법 및 표현
1	시간뿐만 아니라 돈도 절약할 수 있군요	• 빗나간 예상 표현하기 • 내용의 추가 표현하기	• A/V-(으)ㄹ/(으)ㄴ/는 줄 알았다[몰랐다] • 주로 • 일부러 • 시간을 내다 • N뿐만 아니라 A/V-(으)ㄹ 뿐만 아니라 • A/V-(으)ㄴ/는 점
2	3억 원을 기부했다고요?	• 과거의 사실 표현하기 • 판단이나 행위의 근거 표현하기 • 들은 내용 확인하기	• 혹시 • A/V-았/었던 • A/V-다고 해서 • 언제/누구/어디/뭐라고 했어요? • A/V-다고요?, N(이)라고요? A/V-(으)냐/느냐고요?, N(이)냐고요? V(으)라고요?, V-자고요? • N까지 • N(이)야말로
3	한여름의 더위를 잊을 정도예요	• 계획 표현하기 • 차선책 표현하기 • 정도 표현하기	• V-(으)ㄹ 계획[생각, 예정]이다 • N(이)라도 • A/V-(으)ㄴ/는/을 데 • A/V-(으)ㄹ 정도 • V-(으)ㄴ 채(로) • V-(으)면 충분하다, N(이)면 충분하다
4	자전거는 어디에나 세울 수 있어서 좋아요	• 부정적인 상황의 원인이나 근거 표현하기 • 타인의 감정 표현하기 • 사동 표현하기 I	• 서투르다 • V-다가 • A-아/어하다 • 우선 • 제대로 • V-이/히/리/기/우
5	우리 모두의 노력에 달려 있다	• 가정해서 말하기 • 결정적 조건 표현하기 • 강조 표현하기	• A/V-다면, N(이)라면 • N에/에게 달려 있다 • 얼마나 A/V-(으)ㄴ/는데 • A/V-(으)ㄴ/는 것은 당연하다 • N-끼리 • V-는 데에(는)

과	제목	기능	문법 및 표현
6	우리는 직업을 통해서 자신의 꿈을 실현한다	• 자격 표현하기 • 조건 표현하기	• V-아/어 가다[오다] • 언젠가, 누군가, 무엇인가, 어디엔가, 어디에선가 • N을/를 통해서 • 다시 말해 • N(으)로(서) • A/V-으/느냐에 따라(서)
7	기쁨은 나눌수록 커지잖아요	• 후회 표현하기 • 피동 표현하기	• V-았/었어야 하는데[했는데] • V-다 보니(까) • 마치 • V-아/어지다 • A/V-다는 N, N(이)라는 N • (A/V-(으)면) A/V-(으)ㄹ수록
8	실망스럽기도 하고 놀랍기도 했다	• 놀라움 표현하기 • 내용의 추가 표현하기	• 손쉽다 • A/V-다니, N(이)라니 • N-스럽다 • A/V-기도 하고 A/V-기도 하다 • N에 따르면 • V-다 보면
9	행복한 삶을 살고자 하는 웰빙 문화	• 방법 및 수단 표현하기 • 의도 표현하기 • 사동 표현하기 Ⅱ	• V-(으)ㅁ으로써 • V-고자 • 영향을 미치다 • N-시키다 • 효과가 있다[없다] • N(으)로 알려지다 • N와/과 관련되다
10	일본과 달리 첨잔을 하면 안된다면서?	• 비교해서 표현하기 • 감탄 표현하기 • 추측 표현하기	• 곤란하다 • N와/과 다르게[달리] • A/V-다면서요?, N(이)라면서요? • A-구나, V-는구나 • V/A-(으)ㄹ걸(요) • 그만 V

과	제목	기능	문법 및 표현
11	만난 지 두 달밖에 안됐다고 하더라고요	• 회상 표현하기 • 불만 표현하기	• 곧 • A/V-더라고요 • 선을 보다 • A/V-(으)ㄴ/는걸(요) • A/V-다/자/냐/라는 게 말이 돼(요)? N(이)라는 게 말이 돼(요)? • A/V-든 A/V-든, N(이)든 N(이)든
12	겨우 몇 마디만 할 수 있을 뿐이었다.	• 한정 표현하기 • 반복적인 상황 표현하기 • 이유 표현하기	• N만큼 • 겨우 • V-(으)ㄹ 뿐이다, N일 뿐이다 • 말을 걸다 • 애를 쓰다 • A/V-(으)ㄹ 때마다 • 하도 A/V-아/어서
13	우리를 가족처럼 대해 주셨어요	• 완곡하게 표현하기 • 직접 경험하여 알게 된 사실 전달하기 • 걱정 표현하기	• A/V-기는 하지만[하겠지만, 했지만], A/V-기는 A/V-지만 • 무엇보다, 누구보다, 어디보다 • A/V-더군요 • A/V-(으)ㄹ까 봐 • N을/를 빼다 • 대하다
14	얼마나 걱정을 했는지 몰라요	• 비교 표현하기 • 회상 표현하기 • 강조 표현하기	• 번거롭다 • A/V-(으)ㄴ/는 것보다 A/V-(으)ㄴ/는 것이 낫다 • N 만에 • 얼마나 A/V-(으)ㄴ/는지 모르다 • 코끝이 찡하다 • A/V-더니
15	고진감래	• 부정적 추측하기 • 거짓 행동 표현하기 • 연어 및 한자성어 익히기	• N은/는커녕, A/V-기는커녕 • 밤을 새우다 • V-기는 틀리다 • A/V-(으)ㄴ/는 척하다 • 꿈을 이루다 • 고진감래

과	제목	기능	문법 및 표현
16	면접을 볼 때는 실력 못지않게 태도도 중요하다	• 부정칭 구문 표현하기 • 양보 표현하기 • 비교와 정도 표현하기	• A/V-(으)ㄴ/는 경우가 많다[있다], N인 경우가 많다[있다] • 다음과 같다 • V-도록 • 아무 N(이)나 • A/V-더라도 • N 못지않게
17	리처드 용재 오닐의 '공감'	• 불가능한 상황 표현하기 • 기대한 것과 반대되는 사실 표현하기 • 같은 행위의 반복 표현하기 • 두 가지 특징 동시에 표현하기	• 여기다 • 힘이 되다 • V-(으)ㄹ 생각도 못하다 • A/V-(으)ㄴ/는데도 불구하고, N에도 불구하고 • V-곤 하다 • N이자 N이다
18	돼지꿈을 꿨어요	• 원인이나 이유 표현하기 • 불가능한 상황 표현하기 • 가능성 표현하기 • 망설임 표현하기	• V-는 바람에 • N을/를 돌보다 • A/V-(으)ㄹ 리(가) 없다 • 하늘의 별 따기 • A/V-(으)ㄹ 수도 있다 • V-(으)ㄹ까 V-(으)ㄹ까, V-(으)ㄹ까 말까
19	이대로 가다가는 큰일이에요	• 부정대명사 표현 익히기 • 부정적인 상황에 대한 원인 나타내기	• 어디, 무엇, 언제, 누구 • V-는 길 • 한 N • 이대로, 그대로, 저대로 • V-다가는 • 큰일 나다, 큰일이다 • V-아/어 버리다
20	삼년고개	• 체념 표현하기 • 사동 표현하기Ⅲ • 연속적인 상황 표현하기 • 과거 경험의 결과 표현하기	• -고 말다 • 결국 • V-게 하다 • 억지로 • V-자 • V-았/었더니

Korean Alive Intermediate Ⅳ

살아있는 한국어 Ⅳ

계명대학교 한국어학당
Korean Language and Culture Center
Keimyung University

LEVEL 4

contents

1

본문

피터 너, 지금 뭐 하니? 공부하고 있는 줄 알았는데.

소영 운동복을 사려고 쇼핑 사이트를 찾아보고 있어.

피터 넌 주로 인터넷을 이용해서 쇼핑을 하는구나. 지난번에는 신발이랑 책도 샀지?

소영 응, 일부러 시간을 내서 물건을 사러 가지 않아도 되는 데다가 물건 값도 싸서 인터넷 쇼핑을 자주 해. 시간뿐만 아니라 돈도 절약할 수 있으니 일석이조잖아.

피터 난 직접 물건을 보고 사지 않으면 불안해. 교환하거나 환불할 때도 불편한 점이 많을 것 같아서 인터넷 쇼핑은 안 해.

소영 아니야, 그렇지 않아. 요즘은 교환이나 환불도 아주 간단하게 할 수 있어.

피터 그런데 색깔이 화면과 다르거나 치수가 안 맞을 수도 있잖아.

소영 물건을 사기 전에 여러 사이트에서 상품 평을 잘 읽어 보면 사고 싶은 물건에 대한 정보를 자세히 알 수 있어.

피터 그렇구나. 그럼 나도 청바지 하나 사 볼까? 그렇지 않아도 청바지 사러 백화점에 가려고 했는데…….

대답하세요

1. 인터넷 쇼핑의 좋은 점은 무엇입니까?
2. 피터가 인터넷 쇼핑을 하지 않는 이유는 무엇입니까?
3. 어떻게 하면 인터넷을 이용해서 물건을 잘 살 수 있습니까?

사이트	운동복	주로	일부러	절약하다
불안하다	점	화면	치수	평
정보	단추	출장	수박	

문법 및 표현

1. A/V-(으)ㄴ/는/-(으)ㄹ 줄 알았다[몰랐다]
N인/일 줄 알았다[몰랐다]

- 단추가 떨어진 줄 몰랐어요.
- 직접 와 보기 전에는 부산이 이렇게 아름다울 줄 몰랐어요.
- 저기 안경을 쓰고 계신 분이 상우 씨 아버님이세요.
  - 정말요? 저는 파란색 셔츠를 입고 계신 분이 상우 씨 아버님인 줄 알았어요.
-

2. 주로

- 저는 주로 지하철로 출퇴근합니다.
- 나는 주말에 등산하는 것을 빼고는 주로 집에서 시간을 보낸다.
- 아침에 밥을 드세요?
  - 아니요, 출근 준비하느라 바쁘기 때문에 주로 빵을 먹어요.
-

3. 일부러

- 음식이 입에 맞지 않아서 일부러 배가 부르다고 했어요.
- 저 영화배우는 이번 영화를 위해 일부러 태권도를 배웠대요.
- 일부러 여기까지 오셨는데 제가 시간이 없어서 어떡하지요?
  - 괜찮습니다. 다음에는 꼭 미리 연락하고 오겠습니다.
-

4. 시간을 내다

- 시간 내기 어려우면 내가 대신 갈까?
- 아무리 바빠도 하루에 한 시간 정도 시간을 내서 운동을 하려고 해.
- 이번 출장에는 부장님께서도 같이 가시면 어떨까요?
  - 알았어요. 시간을 내 볼게요.
-

5. N뿐만 아니라
A/V-(으)ㄹ 뿐만 아니라

- 이 운동화는 가벼울 뿐만 아니라 아주 편해서 자주 신어요.
- 요즘은 여름뿐만 아니라 겨울에도 수박을 먹을 수가 있어요.
- 이번에 이사한 집은 회사에서 가까울 뿐만 아니라 새집처럼 깨끗해요.
- 이 휴대 전화로는 음악을 들을 수 있을 뿐만 아니라 인터넷도 할 수 있어요.
-

6. A/V-(으)ㄴ/는 점

- 불편한 점이 있으면 언제든지 이야기해 주세요.
- 한국어를 공부할 때 가장 중요하게 생각하는 점은 무엇입니까?
- 한국 생활에서 제일 힘든 점은 무엇입니까?
  - 음식이 입에 맞지 않는 거예요.
-

종합연습

1. 〈보기〉와 같이 대화를 만드세요.

> 보기 가 : 팀 씨가 지난주에 고향으로 돌아갔어요.
> 나 : 그래요? 팀 씨가 고향으로 돌아간 줄 몰랐어요.

1) 가 : 여기서 사진을 찍으면 안 됩니다.
   나 : 죄송합니다. ______________________________.

2) 가 : 이번에 새로 온 학생이 일본 사람이라고 해요.
   나 : 그래요? ______________________________.

3) 가 : 갑자기 비가 오네요.
   나 : 정말요? ______________________________.

4) 가 : 마이클 씨가 노래를 정말 잘하지요?
   나 : 네, ______________________________.

2. 〈보기〉와 같이 대화를 만드세요.

> 보기 가 : 학교 식당의 음식이 어때요? (싸다, 맛있다)
> 나 : 값이 쌀 뿐만 아니라 맛있어요.

1) 가 : 왜 그 가수를 좋아해요? (노래를 잘 부르다, 멋있다)
   나 : ______________________________.

2) 가 : 왜 이 컴퓨터를 사려고 해요? (디자인이 마음에 들다, 가볍다)
   나 : ______________________________.

3) 가 : 지금 살고 있는 집이 어때요? (깨끗하다, 　　　　)
   나 : ______________________________.

4) 가 : 왜 유럽으로 여행을 가려고 해요? (　　　　, 　　　　)
   나 : ______________________________.

LEVEL 4

3. 〈보기〉와 같이 대화를 만드세요.

보기 가 : 제니퍼 씨, 한국에 있었어요?
저는 제니퍼 씨가 고향에 간 줄 알았어요.
나 : 아직 안 갔어요. 다음 달에 가려고 해요.

1) 가 : 축하합니다. 이번 시험에 합격했지요?
나 : 네, ______________________ 알았어요.
공부를 안 했거든요.

2) 가 : 어서 타세요. 기차가 곧 출발해요.
나 : ______________________ 알았어요.
늦잠을 자서 집에서 늦게 출발했거든요.

3) 가 : 마이클 씨가 다음 달에 결혼해요.
나 : ______________________ 알았어요.
결혼에 대해 항상 나쁘게 말했거든요.

4) 가 : 이거 제가 담근 김치예요. 맛있어 보이지요?
나 : ______________________ 알았어요.
요리를 못할 거라고 생각했거든요.

5) 가 : 일찍 왔네요. ______________________ 알았어요.
나 : 오늘까지 끝내야 하는 일이 있는데 집에서 하려고 일찍 왔어요.

6) 가 : 소영 씨 가방을 지하철 역 화장실에서 찾았대요.
나 : 정말이에요? ______________________ 알았어요.

7) 가 : 건강이 좋지 않아서 일찍 고향으로 돌아가게 되었어요.
나 : ______________________ 알았어요.
______________________.

4. ( ) 안의 문법을 이용해서 대화를 만드세요.

1) 가 : 어떤 점이 마음에 들어서 이 학교를 선택했어요?
나 : ______________________________.
(A/V-(으)ㄴ/는 점)

2) 가 : 여러분의 선생님은 어떤 분이세요?
나 : ______________________________.
(A/V-(으)ㄹ 뿐만 아니라)

3) 가 : 옆집 아저씨가 경찰이래요.
나 : ______________________________.
(N인/일 줄 알았다[몰랐다])

4) 가 : 무슨 운동을 잘해요?
나 : ______________________________.
(N뿐만 아니라)

5. 알맞은 단어를 골라 문장에 맞게 쓰세요.

일부러	치수	정보	주로

1) 가 : __________이/가 안 맞으면 바꿔 주실 거지요?
나 : 네, 물론이지요. 2주 안에만 가지고 오시면 돼요.

2) 가 : 처음 사람을 만나면 어디를 먼저 봐?
나 : 나는 __________ 그 사람의 눈을 먼저 봐. 눈을 보면 그 사람이 어떤 사람인지 알 수 있거든.

3) 가 : 한국 여행을 하고 싶은데 어디로 가면 좋을까요?
나 : 인터넷으로 한번 알아보세요. 여행에 대한 __________이/가 많을 거예요.

4) 가 : 다리 다친 거 부모님께 말씀 드렸어?
나 : 아니, 걱정하실 것 같아서 __________ 말씀 안 드렸어.

6. 친구들과 같이 좋은 점과 나쁜 점에 대해서 말해 봅시다. 그리고 그 중에서 하나를 골라 글을 써 봅시다.

	좋은 점과 그 이유	나쁜 점과 그 이유
인터넷 쇼핑		
휴대 전화		

7. 잘 듣고 물음에 답하세요.

1) 대화의 내용과 다른 것은 무엇입니까?

① 잘못 주문한 책을 교환할 수 있다.
② 남자는 항상 인터넷 서점을 이용한다.
③ 명절이나 휴일에는 주문한 책의 배송이 늦어질 수 있다.
④ 인터넷 서점을 이용할 때마다 받은 점수를 모아서 책을 살 수 있다.

2) 남자가 서점이나 도서관에 자주 가는 이유는 무엇입니까?

3) 여자는 왜 남자가 자주 도서관에 간다고 생각했습니까?

읽기

♣ 다음 글을 읽고 질문에 대답하십시오.

상상만 하던 청소기가 여러분을 찾아갑니다

아무리 해도 끝이 없는 집안일 힘드시죠?

집안일뿐만 아니라 회사일도 해야 하는 주부님들! 집에 돌아오면 너무 피곤해서 청소를 할 힘도, 시간도 없으시지요? '집에 돌아왔을 때 집안 청소가 깨끗하게 되어 있으면 얼마나 기분이 좋을까?' 하고 많이 생각하셨을 겁니다.

이제 걱정하지 마세요. 그런 분들을 위해서 로봇 청소기 '싹싹이'가 나왔습니다. 영화에만 나오는 이야기가 아닙니다. 시간과 날짜를 예약해 놓으면 그 시간에 싹싹이가 스스로 청소를 해 놓습니다. 믿지 못하시겠다고요? 일단 한번 써 보시면 싹싹이의 실력을 알게 될 것입니다. 버튼 하나만 누르면 청소를 해 주니까 작동 방법도 간단해서 어려운 설명서를 읽지 않아도 됩니다.

▶ **상품평 쓰기**

ID	내 용	평점	날짜
Sky	청소는 깨끗하게 정말 잘하지만 좀 시끄러운 것이 단점이네요. 저는 출근 후에 사용하고 있어요.	★★★★☆	2010/05/28
싹싹이만세	좀 시끄럽지만 퇴근 후 돌아오면 집이 깨끗해져 있어서 정말 마음에 듭니다.	★★★★★	2010/05/28
곰세마리	산 지 얼마 안 되었는데 고장이 났습니다. 그래서 기분이 좋지 않아요.	★★★☆☆	2010/05/26
청소싫어	아주 편하고 좋아요. 집들이 선물로 좋을 것 같아요. 그렇지만 배송이 좀 늦네요.	★★★★☆	2010/05/23

1. 글의 내용과 맞지 않는 것을 고르십시오.

① 로봇 청소기는 영화에만 나온다.
② 작동 방법이 어렵지 않아서 누구나 사용할 수 있다.
③ 시간과 날짜를 예약하면 그 시간에 청소를 해 준다.
④ 피곤해서 청소하기 힘든 사람들에게 아주 좋은 상품이다.

2. 이 글의 목적은 무엇입니까?

① 상품을 광고하기 위해
② 상품을 안내하기 위해
③ 상품을 사용하기 위해
④ 상품을 소개하기 위해

3. 로봇 청소기 '싹싹이'의 단점은 무엇입니까?

집안일	로봇	청소기	날짜	스스로	일단
상상	현실	내용	평점	단점	

쉬어 갑시다

말에 관한 속담

말의 힘은 대단하다. 말이 눈에 보이는 것은 아니지만 말 때문에 일의 결과가 좋아지기도 하고 나빠지기도 한다. 말 한마디가 전쟁의 원인이 되기도 하고, 반대로 평화를 가져오기도 한다. 자기도 모르게 한 말이 상대방에게 큰 상처를 줄 수도 있고, 상대방이 한 말 때문에 자기 자신이 상처를 받기도 한다. 말이 이렇게 중요하기 때문에 언어마다 말에 관한 속담이 많이 있다. 말에 관한 한국어 속담을 몇 가지 알아보도록 하겠다.

○ 말이 씨가 된다

자기도 모르게 한 말이 원인이 되어 실제로 그렇게 될 수도 있으니 말을 조심해야 한다. 주로 부정적이고 나쁜 말을 했을 때 그것이 정말 원인이 되어서 일이 그렇게 된다고 생각할 때 사용한다.

○ 말 한마디에 천 냥 빚도 갚는다

말이 일의 결과를 결정할 정도로 중요하다.

○ 발 없는 말이 천 리 간다

말은 발이 없지만 아주 짧은 시간에 멀리 있는 사람들에게까지 알려질 수 있으므로 말을 조심해야 한다.

○ 낮말은 새가 듣고 밤말은 쥐가 듣는다

아무리 비밀로 한 말이라도 반드시 남이 듣게 되므로 말을 할 때에는 항상 조심해야 한다.

○ 가는 말이 고와야 오는 말이 곱다

자기가 남에게 말이나 행동을 좋게 해야 남도 자기에게 좋게 한다.

2

본문

상우 소영 씨, 혹시 오늘 신문 가지고 있어요? 얼마 전에 텔레비전 뉴스에 나왔던 김밥 할머니에 대한 기사가 신문에 또 실렸다고 해서 읽어 보려고요.

소영 누구라고 했어요?

상우 김밥 할머니요. 20년 동안 김밥 장사를 해서 모은 돈 3억 원을 어린이재단에 기부한 할머니 있잖아요. 못 들어 봤어요?

소영 김밥을 팔아서 모은 돈 3억 원을 기부했다고요?

상우 네, 그 할머니가 이번에는 선행상을 받게 됐다고 하네요. 이 할머니가 어린이재단에만 기부한 줄 알았는데 집이 없는 장애인들을 위해서 자신의 땅까지 기부했대요.

소영 정말이에요? 김밥 할머니야말로 우리가 본받아야 할 분이네요. 어렵게 모은 돈으로 다른 사람들을 돕는 건 정말 대단한 일인 것 같아요.

상우 맞아요. 그런데 기부하는 사람들 중에는 부자보다 가난한 사람들이 많대요. 저도 어려운 사람들을 위해 할 수 있는 일이 무엇인지 찾아봐야겠어요.

대답하세요

① 상우는 왜 신문을 읽고 싶어합니까?
② 김밥 할머니는 어떤 일을 했습니까?
③ 소영 씨는 왜 김밥 할머니를 본받아야 한다고 생각합니까?

혹시	기사	장사	억	재단	기부하다	선행상
장애인	땅	(이)야말로	본받다	진통제	병문안	

문법 및 표현

1. 혹시

- 혹시 진통제를 가지고 있어요?
- 혹시 여기가 4급반 교실이에요?
- 혹시 필요한 것이 있으면 연락 주세요.
- 혹시 베트남에서 온 티누를 아세요?
  - 아니요, 모르는데요.
-

2. A/V-았/었던

- 저기가 제가 다녔던 학교예요.
- 힘들었던 시간은 잊어버리고 앞으로 할 일만 생각하세요.
- 어렸을 때 키가 작았던 상우 씨가 지금은 나보다 커요.
- 어떻게 아는 친구예요?
  - 전에 기숙사에서 같이 살았던 친구예요.
-

3. A/V-다고 해서

- 팀 씨가 피곤하다고 해서 제가 먼저 집에 가라고 했어요.
- 티누 씨가 병원에 입원했다고 해서 병문안을 가려고요.
- 왜 우산을 가져왔어요?
  - 오후에 비가 온다고 해서 가져왔어요.
-

4. 언제/누구/어디/뭐라고 했어요?

- 졸업식이 언제라고 했어요?
- 글쓰기 대회에서 일등을 한 학생이 누구라고 했어요?
- 한국에서 경치가 가장 아름다운 곳이 어디라고 했어요?
- 마리 씨가 좋아하는 한국 음식이 뭐라고 했어요?
  – 닭갈비라고 했어요.
-

5. A/V-다고요? N(이)라고요? A/V-(으)냐/느냐고요? N(이)냐고요? V-(으)라고요? V-자고요?

- 김 선생님이 이번 주 토요일에 결혼하신다고요?
- 오늘 점심을 어디에서 먹느냐고요?
- 내일은 몇 시에 공부하러 올 거냐고요?
- 집에 올 때 과일을 많이 사 오라고요?
- 같이 라면이나 먹자고요?
-

6. N까지

- 밥을 두 그릇이나 먹고 과일까지 먹었다.
- 제니퍼 씨는 공부를 잘하는 데다가 노래까지 잘해요.
- 팀 씨는 피아노는 물론이고 바이올린까지 연주할 수 있대요.
- 거긴 날씨가 어때요?
  – 추운데 비까지 내려요.
-

7. N(이)야말로

- 수영이야말로 건강에 좋은 운동이죠.
- 설날이야말로 한국을 대표하는 명절이에요.
- 내일 지각하면 안 돼.
  – 너야말로 지각하지 마.
- 바쁘실 텐데 이렇게 와 주셔서 감사합니다.
  – 저야말로 초대해 주셔서 감사합니다.
-

종합연습

1. 〈보기〉와 같이 대화를 만드세요.

> 보기
> 가 : 제 꿈은 훌륭한 선생님이 되는 거예요.
> 나 : 꿈이 뭐라고요?
> 가 : 훌륭한 선생님이 되는 거라고 했어요.

1) 가 : 어제 결석한 사람은 팀 씨예요.
   나 : ________________________________?
   가 : 팀 씨라고 했어요.

2) 가 : 모임 장소는 은행 앞입니다.
   나 : ________________________________?
   가 : 은행 앞이라고 했어요.

3) 가 : 저는 사진 찍는 것을 좋아해요.
   나 : ________________________________?
   가 : 사진 찍는 것을 좋아한다고 했어요.

4) 가 : 다음 주 월요일부터 방학이에요.
   나 : ________________________________?
   가 : 다음 주 월요일부터라고 했어요.

2. 알맞은 단어를 골라 문장에 맞게 쓰세요.

장사	선행상	땅	기사

1) 중학교 때 학교에서 __________ 을/를 받은 적이 있어요.
2) 신문에 유명한 축구 선수에 대한 __________ 이/가 났어요.
3) 요즘 __________ 값이 올라서 부자가 된 사람들이 많아요.
4) 제 친구 어머니께서 과일 __________ 을/를 하신 지 20년이나 됐다고 해요.

LEVEL 4

3. 〈보기〉와 같이 대화를 만드세요.

보기 가 : 이 사진 속의 남자는 누구예요?
나 : 중학교 때 내가 좋아했던 영어 선생님이에요.

1) 가 : 5년 전에 어디서 살았어요?
나 : ______________________ 곳은 안동이에요.

2) 가 : 지난 여름에 어디에 갔어요?
나 : ______________________ 곳은 부산 해운대예요.

3) 가 : 어렸을 때 무슨 음식을 좋아했어요?
나 : ______________________ 음식은 떡볶이예요.

4) 가 : 지난 학기에 마리 씨와 무슨 수업을 같이 들었어요?
나 : ______________________ 수업은 '한국의 문화' 예요.

5) 가 : 주말에 시내에서 누구를 만났어요?
나 : ______________________ 사람은 제 사촌 동생이에요.

4. 'A/V-던' 이나 'A/V-았/었던' 을 이용해서 문장을 완성하세요.

가다 따뜻하다 먹다 찍다 읽다 듣다

1) 어제 __________ 피자가 냉장고에 있으니까 배고프면 먹어.

2) __________ 날씨가 갑자기 추워졌어요.

3) 이 음악은 제가 자주 __________ 음악입니다.

4) 며칠 전에 __________ 식당인데 찾을 수가 없어요.

5) __________ 책이 안 보여요. 어디에 두었는지 생각이 안 나네요.

6) 작년 가을에 친구들과 같이 산에 갔을 때 __________ 사진인데 항상 가지고 다녀요.

5. 〈보기〉와 같이 대화를 만드세요.

> **보기** 가 : 책 읽는 것을 좋아해요?
> 나 : 책 읽는 것을 좋아하느냐고요?

1) 가 : 한국에서 산 지 몇 년이나 됐어요?
   나 : ______________________________?

2) 가 : 내일은 사촌 형이 대학교를 졸업하는 날이에요.
   나 : ______________________________?

3) 가 : 어제 제니퍼 씨와 본 영화가 재미있었어요?
   나 : ______________________________?

4) 가 : 시청 앞에서 택시를 타고 오세요.
   나 : ______________________________?

5) 가 : 시간이 괜찮으면 일요일 아침에 같이 축구합시다.
   나 : ______________________________?

6. 다음 문장을 완성하세요.

1) 동생이 아프다고 해서 ______________________________.

2) 이 영화가 재미있다고 해서 ______________________________.

3) 다음 주에 시험이 있다고 해서 ______________________________.

4) ____________________다고 해서 오늘 오후에 만나기로 했습니다.

5) ____________________다고 해서 1층으로 갔지만 아무도 없었다.

7. 잘 듣고 물음에 답하세요.

1) 들은 내용과 같은 것을 고르십시오.
   ① 사만 원으로 어린이들에게 필요한 약을 보내 줄 수 있다.
   ② 인터넷을 검색하면 세계의 어린이들을 돕는 곳을 알 수 있다.
   ③ 아프리카에는 마실 우유가 없어 죽는 어린이가 1년에 560만 명이나 된다.
   ④ 피터는 먹을 것이 없어 병에 걸린 아프리카의 어린이들을 도운 적이 있다.

2) 여자의 말에 이어 남자가 할 말로 알맞은 것을 고르십시오.
   ① 남는 우유를 아프리카로 보내 주면 좋겠어요.
   ② 배가 불러도 음식을 남기지 말고 다 먹어야겠어요.
   ③ 저도 도움이 필요한 어린이들에게 관심을 좀 가져야겠어요.
   ④ 아프지 않고 건강하게 사는 것을 감사하면서 살아야겠어요.

8. 친구와 이야기해 봅시다.

1) 전에 공부했던 외국어가 있습니까?

2) 재미있게 봤던 영화는 무엇입니까?

3) 실수해서 부끄러웠던 적이 있습니까?

4) 어렸을 때 자주 하던 놀이가 무엇입니까?

5) 학교 다닐 때 좋아했던 선생님이 있습니까?

6) 많이 다치거나 병에 걸렸던 적이 있습니까?

읽기

♣ 다음 글을 읽고 질문에 대답하십시오.

마리의 이삿날

마리가 오늘 이사를 했다. 내가 마리의 집에 도착했을 때에 벌써 이삿짐센터 아저씨들이 짐을 상자에 넣어서 트럭으로 옮기고 있었다. 트럭이 출발한 후 마리와 나는 택시를 타고 새집으로 갔다.(㉠)

마리가 이사 간 데는 전에 살던 방보다 햇빛이 잘 들어서 훨씬 밝고 따뜻했다. 마리의 방에서는 새 방 냄새가 났다. 트럭에서 내려 놓은 마리의 이삿짐은 생각보다 많았다. (㉡) 그런데 먼저 큰 가구의 자리가 정해지면 그 가구 속에 들어가는 물건들이 빠르게 정리됐다. 아주 짧은 시간에 마리의 방은 깨끗하게 정리가 끝났다. 나는 여기저기 쌓인 먼지를 닦았다. (㉢)

이사가 끝날 때쯤 상우가 왔다. 상우는 일찍 와서 이사를 도와줄 계획이었는데 갑자기 일이 생겨서 늦었다고 했다. 상우는 우리에게 피곤할 테니 남은 짐은 자기가 정리하겠다고 했다. 상우는 벽에 시계를 걸고 밖에 나가 쓰레기도 버리고 왔다.

많이 도와주지도 못했는데 마리는 우리들에게 와 줘서 고맙다고 말했다. (㉣) 짐 정리가 끝난 후에 마리는 우리들에게 무엇을 먹고 싶으냐고 물었다. 나는 상우에게 한국에는 이사하는 날에 먹는 특별한 음식이 있는지 물어보았다. 상우는 특별한 음식은 없지만 요즘은 자장면을 많이 먹는다고 했다. 그래서 마리는 우리들에게 자장면을 시켜 주었다. 왜 자장면을 먹는지 모르겠지만 하여튼 맛있어서 좋았다.

LEVEL 4

1. 글의 내용과 맞지 않는 것을 고르십시오.

① 상우는 남은 짐을 정리했다.
② 이사가 끝난 후에 자장면을 먹었다.
③ 나는 마리 씨가 짐을 트럭으로 옮기는 것을 도와주었다.
④ 마리 씨가 전에 살았던 데는 새로 이사한 데보다 어두웠다.

2. ㉠~㉣ 중 다음 문장이 들어가야 할 곳을 고르세요.

> 나는 그렇게 많은 상자에 들어 있는 물건들을 아저씨들이 어떻게 정리를 할지 궁금했다.

① ㉠　　② ㉡　　③ ㉢　　④ ㉣

3. 여러분 나라에서는 어떻게 이사를 합니까? 다른 점을 이야기해 보세요.

> 보기　한국에서는 이사하는 날에 자장면을 먹습니다.

상자	트럭	햇빛	전문가	자장면

쉬어 갑시다

꿀벌의 대화법

동물들의 의사소통 방법은 모두 다르다. 많은 동물들이 소리로 뜻을 전달하지만 나비는 냄새, 반딧불이는 빛, 박쥐는 초음파로 의사 전달을 한다. 그러면 꿀벌은 어떻게 다른 꿀벌들과 의사소통을 하는 것일까?

동물학자인 프리시는 어떻게 꿀벌들이 8킬로미터나 떨어진 곳에 꽃이 있다는 것을 다른 벌들에게 전달할 수 있는지를 알아내기 위해 꿀벌의 행동을 관찰하게 되었다. 그 결과 꿀과 꽃가루를 가지고 돌아온 벌 주변에 다른 벌들이 모여드는 것을 알 수 있었다. 이것은 금방 꽃밭에 다녀온 벌의 몸에서 꽃향기와 꿀 냄새가 많이 나기 때문이다. 그리고 프리시는 금방 꽃밭에서 돌아온 벌이 엉덩이를 흔들거나 빙글빙글 도는 춤을 추고 나면 그것을 지켜본 다른 벌들이 떼를 지어 멀리 날아가는 것도 관찰하게 되었다.

꿀벌들은 다음과 같은 방법으로 꽃이 있는 방향을 알린다. 8자 모양으로 춤을 출 때 두 고리가 만나는 선의 방향이 위를 향하면 꽃이 태양이 있는 쪽에 있다는 뜻이고 선의 방향이 아래를 향하면 꽃이 태양이 있는 반대쪽에 있다는 뜻이다. 또한 벌이 수직으로부터 왼쪽으로 60도 각도로 춤을 추면 꽃이 태양에서 왼쪽으로 60도 떨어진 곳에 있다는 것을 나타내고, 수직으로부터 오른쪽으로 120도 각도로 춤을 추면 꽃이 태양에서 오른쪽으로 120도 떨어진 곳에 있다는 것을 나타낸다.

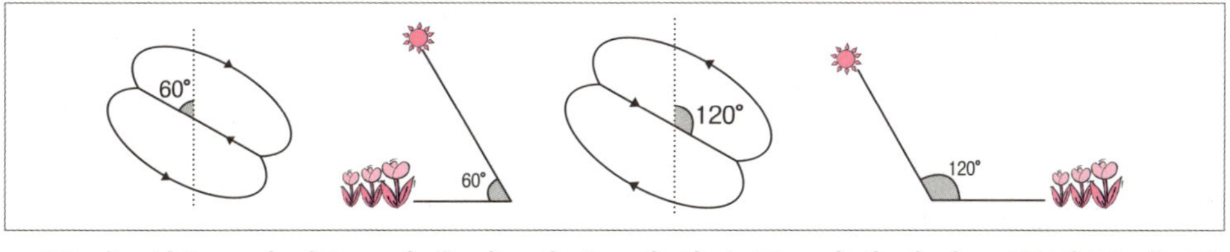

꽃이 있는 거리는 다음과 같은 방법으로 전달된다. 꿀벌들이 둥글게 돌면서 춤을 추면 꽃이 90미터 이내에 있다는 뜻이다. 그것보다 멀리 있으면 8자 모양으로 돌면서 춤을 추는데 8자 모양을 한 번 도는 데 3초가 걸리면 꽃이 1000미터 근처에 있다는 것을 알린다. 그리고 8자 모양을 한 번 도는 데 12초가 걸리면 10킬로미터 떨어진 곳에 꽃이 있다는 뜻이다.

본문

미영 팀 씨, 캐나다에서 여자 친구가 오면 뭐 할 계획이에요?

팀 글쎄요, 여행이라도 가고 싶은데 어디로 갈지 모르겠어요. 혹시 좋은 데를 알고 있으면 얘기해 주세요.

미영 그럼, 머드 축제에 한번 가 보세요. 이 축제는 외국 사람들에게 더 인기가 있어요. 저도 해마다 가는데 한여름의 더위를 잊을 정도로 재미있어요.

팀 그렇게 재미있어요? 머드 축제는 어떤 축제예요?

미영 머드로 유명한 보령에서 하는 축제인데 머드 마사지도 할 수 있고 머드 슬라이드도 즐길 수 있어요. 온몸에 머드를 바른 채로 마라톤이나 축구를 하는 사람들도 있어요.

팀 듣기만 해도 신이 나네요. 빨리 가 보고 싶어요.

미영 머드 댄스, 인간 마네킹과 같은 볼거리도 아주 많아요. 밤에는 불꽃놀이도 하니까 특별한 추억을 만들 수 있을 거예요.

팀 비용은 얼마 정도 들어요?

미영 두 사람이 갈 거지요? 한 10만 원 정도면 충분해요.

대답하세요

① 머드 축제에서는 무엇을 할 수 있습니까?

② 머드 축제에 다녀오려면 얼마 정도가 필요합니까?

데	머드	보령	마사지	슬라이드	즐기다
온몸	신	마네킹	볼거리	불꽃놀이	충분하다
마임	신용카드	벚꽃	진해	쉬다	엎드리다

문법 및 표현

1. V-(으)ㄹ 계획[생각, 예정]이다

- 졸업을 하면 고향으로 돌아갈 계획이에요.
- 등산을 갈 계획이라서 같이 축구를 못하겠네요.
- 다음 주에 마임 공연을 보러 갈 생각인데 같이 보러 갈래?
- 연휴 동안 뭘 할 거예요?
  - 그동안 바빠서 못 봤던 책을 볼 예정인데요.
-

2. N(이)라도

- 할 일이 없으면 청소라도 좀 하세요.
- 너무 늦어서 택시라도 타고 가야겠어요.
- 심심하면 거기 놓여 있는 책이라도 읽으면서 기다리세요.
- 현금이 없는데 어떡하지요?
  - 현금이 없으면 신용카드라도 주세요.
-

3. A/V-(으)ㄴ/는/을 데

- 이 주변에는 선물을 살 데가 없어요.
- 여기는 좀 시끄러운데 조용한 데로 갑시다.
- 어제 저녁에 팀 씨와 밥 먹은 데가 저 한식집이에요.
- 벚꽃을 구경하기 좋은 데가 어디예요?
  - 진해에 한번 가 보세요. 해마다 벚꽃 축제를 해요.
-

4. A/V-(으)ㄹ 정도

- 저는 그 가수의 노래를 다 외울 정도로 좋아해요.
- 어제 노래방에서 목이 쉴 정도로 노래를 많이 불렀어요.
- 그 문제는 초등학생도 풀 수 있을 정도로 쉬운 문제였어요.
- 오늘 날씨가 따뜻해요?
  - 네, 봄옷을 입어도 될 정도로 따뜻해요.
-

5. V-(으)ㄴ 채(로)

- 안경을 쓴 채로 세수를 했어요.
- 신발을 신은 채로 방 안에 들어오면 안 돼요.
- 늦게 일어나서 세수도 못한 채 학교에 왔어요.
- 너무 피곤해서 책상에 엎드린 채로 잠이 들었어요.
-

6. V-(으)면 충분하다
N(이)면 충분하다

- 음료수는 다섯 병쯤 사면 충분해요.
- 그런 일에는 두 사람만 있으면 충분할 거예요.
- 시청까지 몇 분 걸려요?
  - 걸어서 10분이면 충분해요.
- 몇 인분 시킬까요?
  - 3인분이면 충분해요.
-

종합연습

1. 'N(이)라도'를 이용해서 대화를 만드세요.

> 보기 가 : 소영 씨의 생일 선물을 준비 못했는데 어떡하지요?
> 나 : 그럼 빨리 꽃이라도 사러 갑시다.

1) 가 : 아침을 못 먹고 나와서 너무 배가 고파요.
   나 : 그럼 ______________________.

2) 가 : 주스가 없는데 어떡하지요?
   나 : 그럼 ______________________.

3) 가 : 내일 등산하러 가는데 등산화가 없어요.
   나 : 그럼 ______________________.

4) 가 : 외국 여행을 가려고 돈을 모았는데 요즘 달러가 너무 올랐어요.
   나 : 그럼 ______________________.

2. 'V-(으)ㄹ 계획[생각, 예정]이다'를 이용해서 문장을 완성하세요.

> 보기 내일이 할머니 생신이라서 가족들이 모두 모일 예정이다.

1) 영어공부를 하려고 ______________________.

2) 고향에 있는 동생이 많이 아파서 ______________________.

3) 학교까지 걸어서 다니기가 불편해서 ______________________.

4) 지금 사는 데가 너무 좁아서 다음 달에 ______________________.

LEVEL 4

3. 'A/V-(으)ㄹ 정도'를 이용해서 대화를 완성하세요.

보기 가 : 지하철이 많이 복잡해요?
나 : 네, 너무 복잡해서 내릴 수 없을 정도예요.

1) 가 : 거기도 많이 추워졌지요?
나 : 네, 추워서 ______________________.

2) 가 : 어제 팀 씨가 술을 얼마나 많이 마셨어요?
나 : ______________________ 술을 많이 마셨대요.

3) 가 : 이 영화를 좋아해요?
나 : 네, 많이 봐서 ______________________.

4) 가 : 발표하려면 3일이나 남았는데 벌써부터 긴장하세요?
나 : 발표를 잘할 수 있을지 모르겠어요. 요즘 너무 긴장해서
______________________.

4. 다음 그림을 보고 친구와 이야기해 보세요.

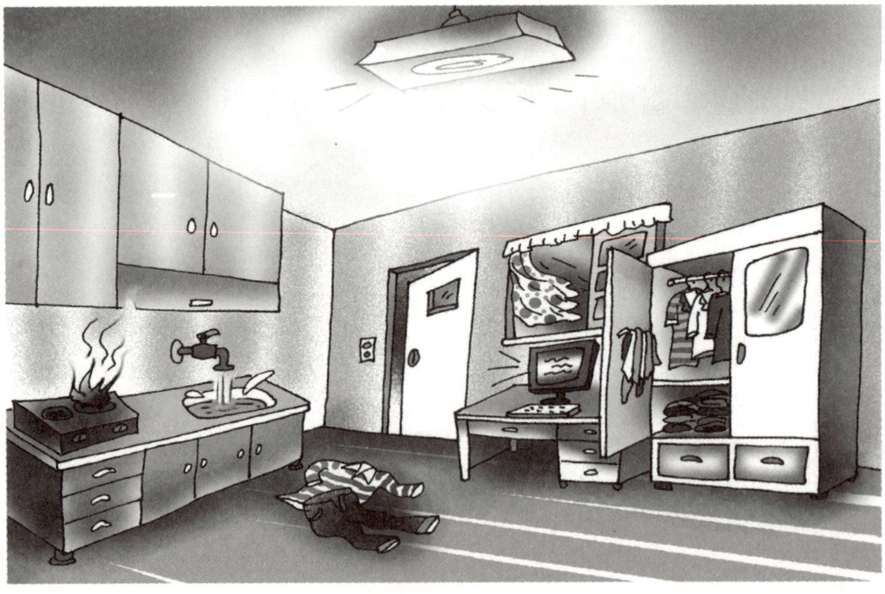

보기 방에 불을 켜 놓은 채로 나가지 마세요.

5. 알맞은 것을 골라 〈보기〉와 같이 대화를 만드세요.

차를 마시다 　 책을 빌리다 　 지갑을 잃어버리다
구두를 사다 　 스파게티가 맛있다

보기 가 : 이 근처에 차 마실 데가 있어요?
나 : 네, 도서관 지하에 커피숍이 있어요.

1) 가 : ______________________________?
나 : 도서관 2층이에요.

2) 가 : ______________________________?
나 : 네, 알아요. 길 건너편에 있는 이태리 식당의 스파게티가 맛있어요.

3) 가 : ______________________________?
나 : 저기예요. 빵가게 옆에 있는 신발가게에서 샀어요.

4) 가 : ______________________________?
나 : 1층 화장실이에요.

6. 다음 문법을 이용해서 대화를 만드세요.

1) 가 : 김밥을 몇 인분 준비할까요?
나 : ______________________________. (N(이)면 충분하다)

2) 가 : 이번 겨울 방학에 뭘 할 거예요?
나 : ______________________________. (V-(으)ㄹ 계획이다)

3) 가 : 마리 씨가 많이 아프대요?
나 : ______________________________. (A/V-(으)ㄹ 정도로)

4) 가 : 아침은 먹고 왔어요?
나 : 아니요, ______________________. (V-(으)ㄴ 채로)

7. 잘 듣고 물음에 답하세요.

1) 잘 듣고 바르게 연결하십시오.

① 마임 축제 •	• 3월 말 •	• 서울
② 벚꽃 축제 •	• 3월 말~4월 초 •	• 춘천
③ 떡볶이 축제 •	• 5월 말 •	• 진해

2) 들은 내용과 같은 것을 고르십시오.

① 벚꽃 축제는 진해에서만 열린다.

② 마임 축제에 가면 연극도 볼 수 있다.

③ 떡볶이 축제가 생긴 지 여러 해가 되었다.

④ 초등학생도 떡볶이 만들기 대회에 참가할 수 있다.

8. 친구와 이야기해 봅시다.

보기

브라질–삼바 축제

중국–빙등제

일본–삿포로 눈 축제

1) 여러분 나라에는 어떤 축제가 있어요?

2) 어떤 축제에 가 봤어요?

3) 관심 있는 축제에 대해 조사해서 발표해 보세요.

읽기

♣ 다음 글을 읽고 질문에 대답하십시오.

가요제가 있던 날

오늘은 학교 축제 셋째 날이었다. 저녁에 대운동장에서 경영대학의 가요제가 있었다. 나와 같은 방을 쓰는 상우 씨가 오늘 가요제에 나간다고 해서 구경을 갔다. 상우 씨는 가요제에서 상을 타서 상금을 받고 싶다고 했다. 나는 기숙사 친구들과 함께 상우 씨를 응원했다. 가요제에는 모두 15명의 학생들이 참가했는데 상우 씨는 일곱 번째로 노래를 불렀다. 상우 씨가 부른 노래는 발라드였는데, 여학생들이 아주 좋아했다. 나는 상우 씨가 그렇게 노래를 잘 부르는 줄 몰랐다. 나와 기숙사 친구들은 상우 씨의 이름을 크게 부르며 상우 씨를 응원했다.

상우 씨 다음에 나온 학생은 모자를 쓰고 힙합 바지를 입고 나왔다. (㉠) 처음에는 누구인지 몰랐는데 자세히 보니 지난 학기에 같이 수업을 들은 샤오밍 씨였다. (㉡) 무대에서의 샤오밍 씨는 다른 사람처럼 보였다. (㉢) 빠른 노래를 부르면서 춤까지 멋있게 추는 샤오밍 씨를 보고 사람들은 박수를 쳤다. (㉣)

참가자들의 노래가 끝나고 심사를 하는 동안 학교 록밴드 '이글스'의 축하 공연이 있었다. 평소에 록음악은 시끄럽다는 편견을 가지고 있었는데 야외에서 직접 들으니 공부 때문에 쌓인 스트레스가 다 풀리는 것 같았다.

심사 결과가 발표되는 순간이었다. 다른 참가자들도 모두 노래를 잘 불러서 상우 씨가 상을 못 받을 거라고 생각했다. 그런데 상우 씨는 3등을 했고, 샤오밍 씨는 인기상을 받았다. 상우 씨는 상금으로 주말에 한턱내겠다고 했다. 내년 축제 때에는 나도 한번 참가해 보고 싶다.

1. 무엇에 대한 글입니까?

① 가요제 ② 록음악

③ 대학 축제 ④ 발라드와 힙합

2. 글의 내용과 맞지 않는 것을 고르십시오.

① 상우 씨는 내 룸메이트이다.

② 나는 평소에 록음악을 즐겨 들었다.

③ 샤오밍 씨와 나는 같이 수업을 들은 적이 있다.

④ 나는 전에 상우 씨가 노래를 부르는 것을 본 적이 없다.

3. 다음의 문장이 들어갈 곳은 ㉠~㉣ 중 어디인지 고르십시오.

> 내성적인 샤오밍 씨가 오늘 무대에서 노래를 잘 부를 수 있을지 걱정이 되었다.

① ㉠ ② ㉡ ③ ㉢ ④ ㉣

경영대학	가요제	발라드	힙합	박수
치다	참가자	심사	록밴드	록음악
편견	야외	결과	순간	

쉬어 갑시다

특별한 섬 제주도

제주도는 화산섬이 갖는 특징과 아름다운 경치 때문에 한국 사람들뿐만 아니라 외국 사람들에게도 잘 알려져 있다. 최근에는 국제자유도시와 세계자연유산으로 지정되어 더욱 유명해졌다.

제주도는 중국, 한국, 일본 사이에 위치하고 있어 지리적으로 중요한 역할을 한다. 그리고 천연의 자연환경을 가지고 있어 관광 산업에서도 무한한 투자 가능성을 가지고 있다. 이러한 특징 때문에 제주도는 홍콩이나 싱가포르와 같은 국제자유도시로 지정되어 외국인들도 비자 없이 자유롭게 관광을 할 수 있게 되었다. 최근에는 관광산업 이외에도 교육, 의료, 첨단산업 등에서도 투자가 활발히 이루어지고 있다.

유네스코는 인류의 소중한 문화와 자연 유산을 세계유산으로 지정하여 보호하고 있는데 2007년 '제주 화산섬과 용암동굴'을 세계자연유산으로 지정하였다. 한라산 천연보호구역, 거문오름용암동굴계, 성산일출봉 등의 지역이 여기에 속한다. 이 세 지역은 모두 뛰어난 자연미를 가지고 있다는 점과 세계 화산학연구에서 갖고 있는 의미가 크다는 공통점을 가지고 있다. 한라산에는 기암절벽과 폭포, 그리고 호수 분화구가 있어 신비롭다. 천연보호구역에는 귀한 동식물이 많이 살고 있어 생물학적으로 가치가 높다. 거문오름 용암동굴은 화려하고 독특한 내부를 가지고 있어 세계에서 가장 아름다운 동굴 중 하나로 평가 받고 있으며 떠오르는 태양을 배경으로 하는 성산일출봉은 뛰어난 자연미를 자랑한다.

'제주특별자치도'라는 이름처럼 특별한 섬 제주도는 많은 사람들에게 자연의 아름다움을 보여 주는 동시에 자유도시로서의 무한한 잠재력을 보여 주는 곳이다.

본문

소영 요즘은 교통사고가 너무 많아서 차 타기가 무서워. 파리는 어때?

소피 파리도 큰 도시니까 차도 많고 사고도 많아. 그래서 요즘 가까운 거리는 차 대신에 자전거를 이용하는 사람들이 늘고 있어.

소영 그래? 차를 타다가 자전거를 타고 다니면 불편하지 않아?

소피 처음에는 불편해하던 사람들도 자전거 타는 것에 익숙해지면 오히려 차보다 더 편리하다고 해. 자전거는 어디에나 세울 수 있으니까 주차 걱정도 없고 돈도 절약할 수 있잖아. 이런 게 바로 일석이조야.

소영 한국도 자전거를 이용하는 사람들이 많아지면 좋겠어.

소피 그러려면 우선 젊은 사람들부터 자동차 대신 자전거를 이용하는 습관을 가져야겠지.

소영 그럼 나도 이제부터 가까운 거리를 다닐 때는 자전거를 이용해야겠어. 그런데 자전거를 탄 지 너무 오래돼서 제대로 탈 수 있을지 모르겠네.

대답하세요

① 신문 기사의 내용은 무엇에 관한 것입니까?

② 파리에서 자전거를 이용하는 사람이 늘고 있는 이유는 무엇입니까?

③ 자전거의 좋은 점은 무엇입니까?

승용차	충돌하다	사고	서투르다	피하다	교통사고
세우다	주차	우선	습관	오래되다	제대로
늦잠	먹이다	줄이다	눕히다	맞히다	앉히다
입히다	돌다	돌리다	날리다	살리다	울리다
맡기다	벗기다	신기다	웃기다	깨다	깨우다
씌우다	재우다	태우다			

문법 및 표현

1. 서투르다

- 이 회사에 취직한 지 얼마 되지 않아서 아직 일이 서툴러요.
- 지난달에 결혼한 제니퍼 씨는 한국 음식을 만드는 것이 많이 서투릅니다.
- 투이 씨, 이번에 외국인 말하기 대회에 나가 보는 게 어때요?
  - 글쎄요, 아직 한국말이 서툴러서 잘할 수 있을지 모르겠어요.
-

2. V-다가

- 주말에 스키를 타다가 발목을 다쳤어요.
- 운전하면서 전화를 하다가 사고를 냈어요.
- 상우 씨의 기분이 왜 저렇게 안 좋아 보이죠?
  - 공부는 안 하고 놀기만 하다가 시험에 떨어졌거든요.
-

LEVEL 4

3. A-아/어하다

• 요즘 아이들이 가장 재미있어하는 책이 뭐예요?

• 영희 씨가 기뻐하는 것을 보니까 저도 기쁘네요.

• 아이스크림을 왜 이렇게 많이 샀어요?
  – 아이들이 먹고 싶어해서 많이 샀어요.

•

4. 우선

• 지금 밥을 하는 중이니까 배가 고프면 우선 우유라도 마셔.

• 뭐부터 할까요?
  – 우선 청소부터 합시다.

• 이 그림은 어디에 걸까요?
  – 우선 책상 위에 두세요.

•

5. 제대로

• 요즘 밥을 제대로 못 먹어서 살이 많이 빠졌다.

• 처음에 한국에 왔을 때 한국말을 제대로 못해서 너무 힘들었어요.

• 어제 박물관에 가서 구경 잘 했어?
  – 아니, 사람들이 너무 많아서 제대로 구경 못 했어.

•

6. V-이/히/리/기/우

• 형이 동생을 울려요. (동생이 울어요.)

• 누나가 동생에게 밥을 먹여요. (동생이 밥을 먹어요.)

• 어머니가 아이를 침대에 눕혀요. (아이가 침대에 누워요.)

•

이	히	리	기	우
끓다-끓이다 먹다-먹이다 보다-보이다 붙다-붙이다 줄다-줄이다	눕다-눕히다 맞다-맞히다 앉다-앉히다 읽다-읽히다 입다-입히다	돌다-돌리다 날다-날리다 살다-살리다 알다-알리다 울다-울리다	맡다-맡기다 벗다-벗기다 신다-신기다 씻다-씻기다 웃다-웃기다	깨다-깨우다 서다-세우다 쓰다-씌우다 자다-재우다 타다-태우다

종합연습

1. 알맞은 단어를 골라 문장에 맞게 쓰세요.

힘들다/힘들어하다	예쁘다/예뻐하다	무섭다/무서워하다
어렵다/어려워하다	아프다/아파하다	기쁘다/기뻐하다

1) 가 : 문제가 너무 ________ 못 풀겠어요. 30분 동안 이 문제만 보고 있는데 아무리 봐도 답을 모르겠어요.
   나 : 그렇게 ________(으)면서 왜 그 문제만 보고 있어요? 쉬운 문제부터 푸세요.

2) 가 : 아이가 장난이 심해서 걱정이에요.
   나 : 할머니가 너무 ________아/어서 그런가 봐요.

3) 가 : 투이 씨, 한국어 말하기 대회에서 일등을 했다면서요? 축하해요.
   나 : 고마워요. 일등을 할 줄 몰랐는데 정말 ________.
   가 : 투이 씨가 ________(으)ㄴ/는 모습을 보니까 저도 기분이 좋네요.

4) 가 : 한국에 온 지 6개월이나 지났는데 아직도 한국어를 잘 못해서 걱정이에요. 한국어를 잘 못하니까 모든 것이 불편해요.
   요즘은 너무 ________아/어서 고향으로 돌아가고 싶어요.
   나 : 너무 ________지 마세요. 저도 처음에는 그랬어요.
   곧 괜찮아질 테니까 걱정하지 마세요.

5) 가 : 아이가 감기에 걸렸는데 잘 낫지 않아서 큰일이에요.
   나 : 병원에 가 봤어요?
   가 : 네, 주사도 맞고 약도 먹었는데 아직 많이 ________네요.

6) 가 : 상우 씨, '너의 눈물'이라는 공포 영화를 봤다면서요?
   ________지 않았어요?
   나 : 친구하고 같이 보러 갔는데 영화를 끝까지 다 보지 못했어요.
   가 : 왜요?
   나 : 친구가 너무 ________아/어서 보다가 밖으로 나왔거든요.

2. 알맞은 단어를 골라 문장에 맞게 쓰세요.

입다/입히다	타다/태우다	보다/보이다	깨다/깨우다
알다/알리다	먹다/먹이다	맡다/맡기다	끓다/끓이다

1) 가 : 아이가 감기가 심하니까 찬 음식은 ___________ 마세요.
그리고 집 안에서도 옷을 따뜻하게 ___________________.
나 : 네, 알겠습니다.

2) 가 : 어느 쪽으로 가세요? 같은 방향이면 ___________ 드릴게요.
나 : 저는 시내 쪽으로 가는데요.
가 : 잘됐네요. 저도 그 쪽으로 가요. 빨리 ___________(으)세요.

3) 가 : 엄마, 내일 6시에 좀 ___________ 주세요.
나 : 알았어. 일찍 일어나야 하니까 빨리 자.

4) 가 : 소영 씨, 샤오밍 씨한테서 아직 연락이 안 왔지요?
나 : 네, 아직 안 왔어요.
가 : 그럼, 연락이 오면 저한테 ___________ 주세요.

5) 가 : 투이 씨, 내일 제가 고향에 가면 집에 아무도 없어요. 제 강아지를
투이 씨한테 좀 ___________ 둘 수 있을까요?
나 : 네, 그렇게 하세요.

6) 가 : 왕단 씨, 물이 ___________ 지금 라면을 넣을까요?
나 : 네, 지금 넣으면 돼요. 그리고 조금 더 ___________다가 파를 넣으세요.

7) 가 : 팀 씨, 지난번 여행 가서 찍은 사진 가지고 있으면 좀 ___________ 줄래요?
나 : 지금 제니퍼 씨가 ___________고 있는데 이따가 가지고 올 거예요.

3. 〈보기〉와 같이 문장을 만드세요.

보기

축구를 하다가 다쳤어요.

1)  ______________________________.

2)  ______________________________.

3)  ______________________________.

4)  ______________________________.

5)  ______________________________.

6)  ______________________________.

4. 다음 이메일을 읽고 답장을 써 보세요.

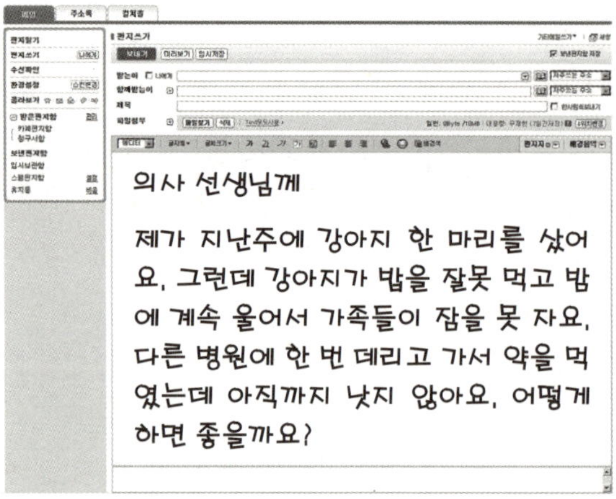

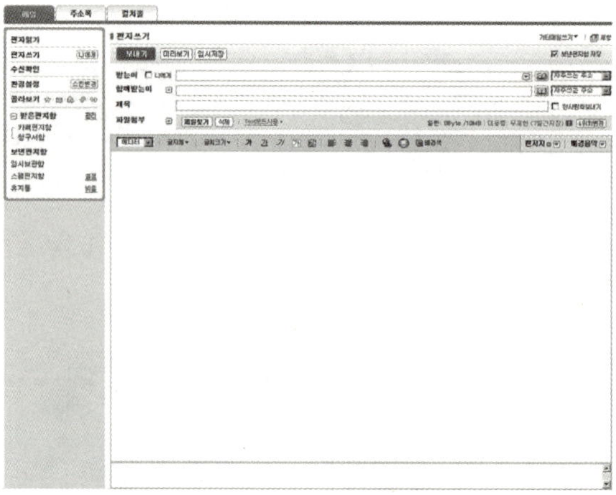

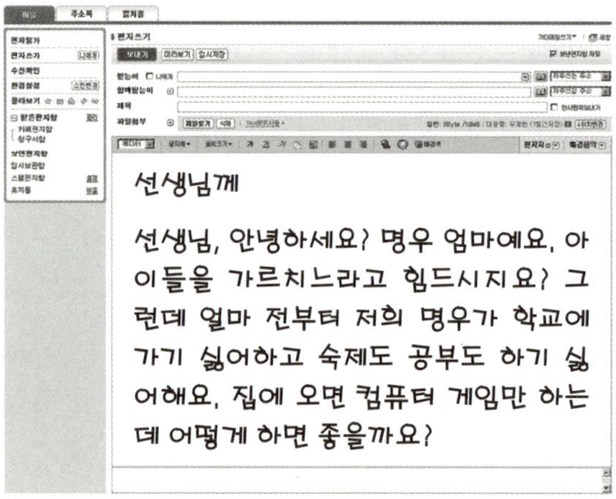

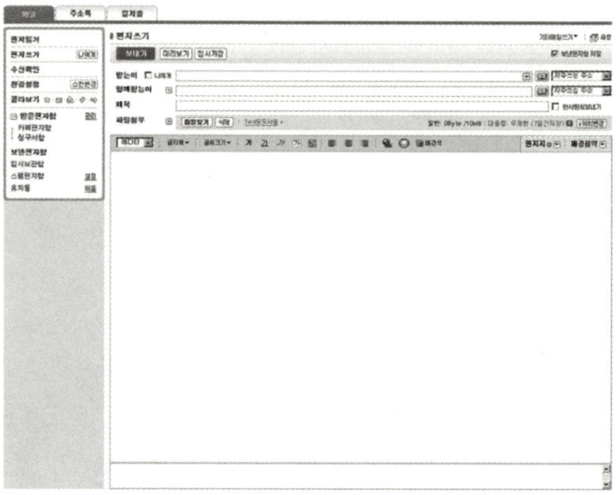

5. 잘 듣고 물음에 답하세요.

1) 두 사람은 무엇에 대해서 이야기를 하고 있습니까?

① 차 끓이는 방법
② 아이를 씻기는 방법
③ 감기를 예방하는 방법
④ 건강하게 오래 살 수 있는 방법

2) 들은 내용과 다른 것을 고르십시오.

① 아이가 춥다고 하면 따뜻한 차를 많이 먹인다.
② 집안을 따뜻하게 해서 아이가 춥지 않게 한다.
③ 집에 돌아오면 손과 발을 깨끗하게 씻어야 한다.
④ 집을 깨끗하게 청소하고 집안에서 담배를 피우면 안 된다.

읽기

♣ 다음 글을 읽고 질문에 대답하십시오.

마음을 따뜻하게 해 주는 '프리허그'

사람들이 많이 다니는 시내에서 어떤 남자가 '프리허그(Free Hug)' 라고 쓰여 있는 큰 종이를 들고 서 있습니다. 처음에 사람들은 그 남자를 이상하게 쳐다보면서 지나갑니다. 약 20분 후 사람들이 하나, 둘씩 그 남자에게 와서 안깁니다.

프리허그는 '안아 주기' 라는 뜻입니다. 이것은 몇 년 전 호주의 '후안 만' 이라는 사람이 만들어 전 세계에 유행하게 되었습니다.

후안 만은 시드니 공항에서 가족과 친구를 마중 나온 많은 사람들이 서로 안아 주는 것을 보고 마음이 따뜻해지는 것을 느꼈습니다. 그 후 후안 만은 '프리허그' 라고 적힌 큰 종이를 들고 시드니에서 가장 사람이 많은 곳에 가서 사람들을 안아 주기 시작했습니다. 얼마 후 어떤 사람이 이 장면을 인터넷에 올렸고 그 후 프리허그는 전 세계로 퍼지기 시작했습니다. 후안 만은 '안아 주기' 를 하는 이유에 대해서 '사람들이 웃고 행복해하는 모습을 보고 싶어서' 라고 말합니다.

한국에서도 인터넷을 통해 프리허그가 소개되었습니다. 그러나 처음에는 한국의 문화와 서양의 문화가 많이 달라서 프리허그라고 쓰인 종이를 들고 있는 사람을 봐도 안기는 사람은 별로 없었습니다. 그렇지만 요즘은 사람들의 생각이 많이 바뀌어서 아이부터 어른까지 프리허그를 하는 모습을 많이 볼 수가 있습니다.

프리허그는 서로 안고 있는 두 사람들뿐만 아니라 보고 있는 사람들도 행복하게 합니다. 이것은 한 사람의 따뜻한 마음이 다른 사람의 마음까지 밝고 따뜻하게 만들기 때문일 것입니다.

1. 후안 만은 프리허그를 어떻게 시작하게 되었습니까?

① 유명해지고 싶어서
② 사람들이 웃는 모습을 보고 싶어서
③ 공항에서 가족들이 서로를 안아 주는 모습을 보고
④ 인터넷에서 사람들이 프리허그를 하는 모습을 보고

2. 프리허그가 유명해진 이유는 무엇입니까?

① 후안 만이 유명한 사람이기 때문에
② 후안 만이 전 세계에 소개했기 때문에
③ 어떤 사람이 프리허그를 인터넷에 올렸기 때문에
④ 사람들이 가장 많은 곳에서 프리허그를 했기 때문에

3. 여러분이 만약에 프리허그가 쓰인 종이를 들고 있는 사람을 만난다면 어떻게 하겠습니까?

4. 프리허그처럼 인터넷을 통해 유명해진 것에는 또 어떤 것들이 있을까요?

이상하다　쳐다보다　마중　적히다　퍼지다　서양

쉬어 갑시다

광고, 15초의 예술

우리가 하루에 만나는 광고는 몇 개나 될까?

기본적으로 하루에 드라마 한 편을 본다면 우리가 보게 되는 광고는 10개가 넘는다. 이것뿐만 아니라 인터넷, 지하철, 버스, 라디오 등의 광고를 다 합하면 우리는 적어도 하루에 백 개 이상의 광고를 만나게 된다. 그러나 이렇게 많은 광고를 보는데도 불구하고 우리의 기억 속에 남는 광고는 얼마 되지 않는다. 그러므로 광고를 만드는 사람들의 가장 큰 바람은 기억에 오래 남으면서 상품의 이미지를 효과적으로 알려 상품을 많이 팔 수 있는 광고를 만드는 것이다.

우리는 광고를 흔히 '15초의 예술'이라고 한다. 그것은 보통 하나의 광고를 방송하는 시간이 15초인데 그 15초라는 짧은 시간 안에 상품을 알리는 독창적이고 창의적인 작품이 들어 있기 때문이다.

어떤 광고의 카피는 유행어가 되기도 하고, 어떤 광고의 CM송은 많은 사람들이 좋아하는 노래가 되기도 한다. 한 기업에서는 아이들이 좋아하는 파이 광고에 '정(情)'자를 넣어 아이들뿐만 아니라 어른들에게도 상품의 이미지를 확실하게 심어 주었다. 또한 "말하지 않아도 알아."라는 CM송을 광고에 넣어 상품의 이미지를 더욱 친근하게 만드는 데 성공하였다. 이러한 광고 전략으로 이 기업의 상품을 다른 기업의 상품과 차별화시키는 데 성공하였다. 그래서 이 상품은 다른 상품과의 경쟁에서 이기고 30여 년 동안 1위의 자리를 지킬 수 있었다.

좋은 광고를 만들기 위해서는 무슨 물건을 팔고 있는지에 관한 분명한 정보가 필요하며 만드는 사람의 창의력, 독창적인 아이디어, 끊임없는 상상력이 필요하다. 여기에 광고를 보는 사람을 감동시키는 정성이 들어간다면 멋진 광고가 탄생할 수 있을 것이다.

5

본 문

점점 심각해지는 쓰레기 문제를 해결하지 않는다면 지구는 어떻게 될까? 지구를 깨끗하게 지키는 일은 우리 모두의 노력에 달려 있다. 우리는 먼저 쓰레기의 양을 줄여야 한다. 분리수거는 쓰레기의 양을 줄이면서 자원을 재활용할 수 있는 좋은 방법이다. 실제로 우리 나라는 1995년부터 분리수거를 실시한 후에 쓰레기의 50% 정도를 줄일 수 있었다. 그리고 생활쓰레기 중 40% 정도는 재활용이 가능하게 되었다.

왕단 소영아, 너는 분리수거를 하니?

소영 물론이지. 분리수거가 얼마나 중요한 일인데. 쓰레기를 분리해서 버리는 건 당연한 일이야.

왕단 그렇구나. 그동안 난 뭐든지 쓰레기봉투에 넣어서 버렸는데.

소영 병은 병끼리, 캔은 캔끼리, 종이는 종이끼리 그리고 음식물 쓰레기는 음식물 쓰레기끼리 분리해서 버려야 해. 그렇게 하면 쓰레기를 재활용할 수 있고 쓰레기의 양도 줄일 수 있거든.

왕단 쓰레기 문제를 해결하는 데 분리수거가 꼭 필요하구나.

소영 맞아. 너도 오늘부터 분리수거를 하도록 해.

대답하세요

① 지구를 깨끗하게 지키기 위해서 우리가 해야 할 일은 무엇 입니까?

② 분리수거를 하면 어떤 점이 좋습니까?

심각하다	지구	분리수거	자원	재활용	실제로
실시하다	분리하다	쓰레기봉투	-끼리	캔	만일
과거	미래	성공	정성	빈자리	

문법 및 표현

1. A/V-다면, N(이)라면

- 내가 의사라면 아픈 사람들을 무료로 치료해 주고 싶다.
- 만약 컴퓨터가 없어진다면 우리의 생활은 어떻게 달라질까?
- 내가 한국에 오지 않았다면 한국에는 매운 음식만 있는 줄 알았을 거예요.
- 만일 과거나 미래로 한번 가 볼 수 있다면 언제로 가 보고 싶어?
  - 난 100년 후의 미래로 가서 사람들이 어떻게 살고 있는지 보고 싶어.
-

2. N에/에게 달려 있다

- 모든 일은 마음 먹기에 달려 있다.
- 성공은 노력에 달려 있다는 말이 있어요.
- 우리의 미래는 여러분에게 달려 있습니다.
- 음식의 맛은 만드는 사람의 정성과 좋은 재료에 달려 있습니다.
-

LEVEL 4

3. 얼마나 A/V-(으)ㄴ/는데

- 제주도 경치가 얼마나 아름다운데요. 꼭 가 보세요.
- 우유가 얼마나 몸에 좋은데요. 매일 한 잔씩 드세요.
- 신발이 좀 불편해 보이네요.
  - 아니요, 얼마나 편한데요.
- 나는 한국 음식은 무엇이든지 잘 먹는 편인데 떡볶이는 아직도 못 먹겠어.
  - 그래? 그게 얼마나 맛있는데.
-

4. A/V-(으)ㄴ/는 것은 당연하다

- 상우가 너한테 화를 내는 건 당연한 일이야.
- 부모님이 아이들을 걱정하는 것은 당연합니다.
- 수업 시간에 휴대 전화를 꺼 두어야 하는 것은 당연한 일이지요.
- 도서관에 빈자리가 없네요. 왜 이렇게 학생들이 많은지 모르겠어요.
  - 시험 기간 동안에 도서관에 빈자리가 없는 것은 당연한 일이에요.
-

5. N-끼리

- 이번 여행은 여자끼리만 가는 게 더 재미있을 것 같아.
- 일요일마다 같은 고향 사람들끼리 모여서 밥도 먹고 이야기도 해요.
- 다음 주가 선생님 생신이라서 우리 반 학생들끼리 깜짝 파티를 준비하고 있는데 너도 같이 할래?
  - 좋아. 나는 뭘 준비하면 되니?
-

6. V-는 데에(는)

- 외국 여행을 하는 데에는 여권이 필요합니다.
- 버스를 타고 공항까지 가는 데에 얼마나 걸립니까?
- 이 많은 우표를 다 모으는 데에는 많은 시간이 걸렸을 것 같습니다.
- 잃어버린 가족을 찾는 데에 10년이 걸린 사람의 이야기가 텔레비전에 나왔어요.
  - 저도 봤어요. 그 사람이 가족을 만나는 장면을 보고 많이 울었어요.
-

종합연습

1. 〈보기〉와 같이 대화를 만드세요.

> 보기
> 가 : 팀 씨, 여자가 된다면 무엇을 해 보고 싶어요?
> 나 : 여자가 된다면 치마를 한번 입어 보고 싶어요.

1) 가 : 네가 대통령이라면 뭘 하고 싶어?
   나 : ______________________________.

2) 가 : 다른 나라 사람이 될 수 있다면 어느 나라 사람이 되고 싶으세요?
   나 : ______________________________.

3) 가 : 나와 똑같이 생긴 사람을 만난다면 기분이 어떨까요?
   나 : ______________________________.

4) 가 : 부자가 된다면 어떤 일을 제일 먼저 하고 싶어요?
   나 : ______________________________.

2. 〈보기〉와 같이 대화를 만드세요.

> 보기
> 가 : 매일 등산을 하세요?
> 나 : 네, 등산이 얼마나 건강에 좋은데요.

1) 가 : 오늘도 태권도 배우러 가요?
   나 : ______________________________.

2) 가 : 이번 주말에 부산에 갈 거야?
   나 : ______________________________.

3) 가 : 집에서 학교까지 1시간이나 걸려요?
   나 : ______________________________.

4) 가 : 아직도 그 책을 다 못 읽었어요?
   나 : ______________________________.

3. 〈보기〉와 같이 대화를 만드세요.

보기 가 : 불고기를 만드는 데에는 뭐가 꼭 필요해요?
나 : 불고기를 만드는 데에는 소고기가 꼭 필요해요.

1) 가 : 다이어트를 하는 데에는 어떤 운동이 제일 좋아요?
나 : ______________________________.

2) 가 : 한국어를 빨리 배우는 데에는 어떤 방법이 좋아요?
나 : ______________________________.

3) 가 : 그 일을 끝내는 데에는 시간이 얼마나 걸릴 것 같아요?
나 : ______________________________.

4) 가 : 유학 생활을 하는 데에 꼭 필요한 것이 무엇일까요?
나 : ______________________________.

4. 알맞은 단어를 골라 문장에 맞게 쓰세요.

당연하다 실시하다 분리하다 심각하다

1) 가 : 상우 씨 친구가 교통사고로 많이 다쳤다고 들었어요.
나 : 네, 생각보다 ____________. 팔과 다리를 많이 다쳤어요.

2) 가 : 시험 결과 나왔어요?
나 : 네, 떨어졌어요. 공부를 안 했으니까 ____________ 결과라고 생각해요.

3) 가 : 쓰레기를 버릴 때는 분리수거를 해야 하지요?
나 : 네, 병은 병끼리, 종이는 종이끼리 ____________ 버려야 해요.

4) 가 : 학교에서 외국어 시험을 언제 ____________?
나 : 학기마다 두 번 이상 시험을 볼 수 있습니다.

5. 다음 문법을 이용해서 대화를 완성하세요.

만일 A/V-다면	N-끼리
얼마나 A/V-(으)ㄴ/는데	N에/에게 달려 있다
V-는 데(에) N이/가 걸리다	A/V-(으)ㄴ/는 것은 당연하다

1) 가 : 엄마, 이번 주에 ______________________ 여행 갔다 와도 돼요?
   나 : 넌 아직 어려서 안 돼. 어른들과 같이 가는 게 좋을 것 같아.

2) 가 : 여학생들이 저 가수를 왜 좋아하는 걸까?
   나 : 저 가수가 ______________________________________.

3) 가 : ____________________________________ 뭘 제일 하고 싶어요?
   나 : 혼자 세계 여행을 꼭 해 보고 싶어요.

4) 가 : 내일 비가 올지도 모른대요.
   나 : 그래요? 내일 등산을 가고 못 가는 것은 ________________.

5) 가 : 어떻게 하면 식당에 손님이 많이 올까요?
   나 : ____.

6) 가 : 감기에 걸려서 오늘은 학교에 못 갈 것 같아.
   나 : 그렇게 옷을 얇게 입고 다니니까 ____________________.

7) 가 : 아침에 지하철이 그렇게 복잡하니?
   나 : ____.

8) 가 : 컴퓨터를 언제까지 고칠 수 있으세요? 시간이 오래 걸리나요?
   나 : ____.

6. 친구들과 함께 이야기해 봅시다.

1) 만일 이 세상에 컴퓨터가 없다면 어떻게 될까요?

2) 만약 남자/여자가 된다면 무엇을 해 보고 싶어요?

3) 만일 다시 태어난다면 어느 나라에서 태어나고 싶어요?

4) 만약 새처럼 하늘을 날 수 있다면 어디로 가고 싶어요?

5) 만약 10년 전으로 돌아간다면 무엇을 하고 싶어요?

7. 잘 듣고 물음에 답하세요.

1) 내용과 맞지 않는 것을 고르십시오.
   ① 캔은 물에 씻은 후에 눌러서 버린다.
   ② 종이는 물에 젖지 않도록 해야 한다.
   ③ 모든 플라스틱 물건은 재활용할 수 있다.
   ④ 병은 물에 씻은 후에 병끼리 모아야 한다.

2) 재활용을 할 수 있는 것을 모두 고르십시오.

①

②

③

④

읽기

♣ 다음 글을 읽고 질문에 대답하십시오.

㉠

우리나라는 어느 나라보다 음식물을 많이 버리는 편이다. 음식물 쓰레기는 전체 쓰레기 양의 약 24%나 된다. 우리가 하루 동안 버리는 음식물 쓰레기를 돈으로 계산하면 약 8조 원 정도가 된다고 한다. 점차 늘어나는 음식물 쓰레기 때문에 그것을 처리하는 데 드는 비용도 문제지만 더욱 심각한 문제는 환경오염이다. 음식물 쓰레기는 강물을 오염시키고 생명을 죽이고 있다.

어떻게 하면 음식물 쓰레기 문제를 해결하여 환경도 보호하고 쓰레기의 양도 줄일 수 있을까? 요즘 음식물 쓰레기 문제에 대해서 많은 사람들이 관심을 가지기 시작했고 생활 속에서 여러 가지 아이디어들이 나오고 있다. 다음은 음식물 쓰레기를 줄일 수 있는 몇 가지 방법들이다.

첫째, 식품은 꼭 필요한 것만 산다. 보관 중인 식품 재료의 종류와 양을 미리 확인해서 버리는 것이 없도록 한다.

둘째, 요리할 때는 적당한 크기의 냄비나 그릇을 사용한다. 반찬 수와 양을 줄여 음식이 남지 않도록 한다.

셋째, 음식물 쓰레기를 버릴 때는 음식물 쓰레기에서 나오는 물을 없애고 버리도록 한다. 과일과 야채 쓰레기는 말린 후 버리고 다 쓴 기름을 버릴 때는 쓰고 난 휴지로 닦아 버린다.

이처럼 쓰레기를 줄일 수 있는 방법들은 생활 속에서 쉽게 찾을 수 있다. 쓰레기 문제를 해결하는 일은 우리 모두의 작은 실천에 달려 있다. 우리 모두가 쓰레기를 줄이기 위해 어떤 일을 할 수 있는지 좀 더 생각해 봐야 할 것이다.

1. ㉠에 들어갈 알맞은 제목을 본문에서 찾아 써 보십시오.

____

2. 글의 내용과 같은 것을 고르십시오.

① 음식물 쓰레기의 양이 많아지고 있다.
② 음식물 쓰레기는 돈으로 교환할 수 있다.
③ 음식물 쓰레기는 전체 쓰레기의 반 이상이다.
④ 음식물 쓰레기를 처리하는 데 드는 비용이 줄어들고 있다.

3. 다음 중 음식물 쓰레기 줄이는 방법이 아닌 것을 고르십시오.

① 기름은 휴지로 닦는 것이 좋다.
② 음식물 쓰레기에 물이 섞이지 않도록 한다.
③ 식품을 살 때는 미리 많은 양을 구입하는 것이 좋다.
④ 음식을 조리할 때는 너무 많은 양을 준비하지 않도록 한다.

4. 음식물 쓰레기를 줄일 수 있는 다른 방법이 있다면 이야기해 봅시다.

전체	계산하다	조	점차	생명	해결하다	아이디어
보관	확인하다	적당하다	말리다	기름	실천	

쉬어 갑시다

한국의 전통 놀이

윷놀이는 설날부터 정월 대보름 사이에 가족들이 함께 하는 한국의 대표적인 명절놀이이다. 네 개의 작은 막대기를 던져서 나오는 모양에 따라 윷판에서 윷말을 옮기는 것이다. 네 개의 윷말이 윷판을 먼저 돌아 나오는 팀이 이기게 된다.

널뛰기는 설날, 추석 등 큰 명절에 여성들이 즐기던 민속놀이이다. 긴 널판 양 끝에 한 사람씩 올라서서 마주 보고 번갈아 뛰는 놀이이다. 옛날에는 외출을 자유롭게 할 수 없었던 여성들이 널뛰기를 하면서 집밖을 구경했다고 한다.

연날리기는 설날부터 정월 대보름 사이에 어린이나 청소년들이 하는 놀이로 여러 가지 모양의 연을 하늘 높이 띄우는 것이다. 대나무 가지를 이용해서 틀을 만들고 그 위에 종이를 붙여 연을 만든다. 연에 실을 매어서 하늘 높이 날린다.

투호놀이는 옛날 고려 때부터 조선시대까지 궁중이나 양반집에서 손님들이 찾아왔을 때 하던 놀이다. 여러 사람이 편을 나누어 화살을 던지는데 항아리 속에 화살을 많이 넣는 편이 이긴다.

6

본문

우리는 어릴 때부터 커서 무엇이 되고 싶으냐는 질문을 많이 받아 왔다. 아이들은 이런 질문에 대통령이나 과학자, 선생님, 소방관, 가수, 영화배우가 되고 싶다고 쉽게 대답을 한다. 그러나 언젠가부터 이 질문에 대답하기가 쉽지 않게 된다.

직업을 선택하는 것은 보고 싶은 영화를 고르는 것처럼 쉬운 일이 아니다. 그 이유는 직업이 우리 삶에서 너무나 중요한 역할을 하기 때문이다. 우리는 직업을 통해서 생계를 유지할 뿐만 아니라 자신의 꿈을 실현한다. 다시 말해 일을 해서 생활에 필요한 돈을 벌고 원하는 것을 할 수 있게 된다. 그리고 그 과정에서 우리는 행복을 느낀다. 일을 하면서 다른 사람들에게 자신의 능력을 보여 주고 사회의 한 사람으로서 살아가는 것이다.

직업은 이렇게 중요한 것이기 때문에 직업을 선택할 때 우리는 여러 가지를 생각해 봐야 한다. 특히 자신의 일에 만족감을 느끼면서 살아가기 위해서 조건보다는 적성에 맞는 일, 좋아하는 일을 선택하는 것이 중요하다. 어떤 직업을 선택하느냐에 따라 우리의 삶이 행복할 수도 있고 그렇지 않을 수도 있기 때문이다.

대답하세요

① 직업을 선택하는 일이 쉽지 않은 이유가 무엇입니까?

② 우리는 직업을 통해서 무엇을 할 수 있습니까?

③ 직업을 선택할 때 무엇을 생각해 봐야 합니까?

대통령	과학자	소방관	대답	이유	삶
역할	생계	유지하다	자신	실현하다	벌다
과정	느끼다	능력	사회	살아가다	만족감
조건	적성				

문법 및 표현

1. V-아/어 가다[오다]

- 나는 2년 동안 한국어를 공부해 왔어요.
- 그 회사는 지금까지 선풍기만 만들어 왔습니다.
- 지금까지 과학이 발전해 온 것처럼 앞으로도 계속 발전해 갈 거예요.
- 발표 준비는 잘 되어 가요?
  -네, 잘 되어 가요. 거의 다 됐어요.
-

2. 언젠가, 누군가, 무엇인가, 어디엔가, 어디에선가

- 우리는 언젠가 다시 만날 수 있을 거예요.
- 사무실 밖에서 누군가 선생님을 기다리고 있어요.
- 선생님이 무엇인가 하실 말씀이 있으신 것 같았어요.
- 열쇠가 책상 위 어디엔가 있을 거예요. 잘 찾아보세요.
- 방금 여기서 나간 사람을 어디에선가 본 기억이 나요.
-

3. N을/를 통해서

- 친구를 통해서 그 사람을 소개 받았어요.
- 여행을 통해서 배울 수 있는 게 참 많아요.
- 여행사를 통해 스키장에 가니까 비용도 적게 들고 편해요.
- 표를 어떻게 이렇게 싸게 구했어요?
  – 인터넷을 통해서 구했거든요.
-

4. 다시 말해

- 잠은 너무 많이 자면 오히려 건강에 좋지 않다고 한다. 다시 말해 적당히 자는 게 건강에 가장 좋다.
- 이번 여행은 배를 타고 섬으로 가는 거라서 날씨가 중요하다. 다시 말해 비가 오거나 바람이 많이 불면 여행은 취소된다.
- 환경 문제는 개인 한 사람의 힘으로 해결할 수 없다. 다시 말해 모든 국민이 함께 환경 문제에 관심을 가져야 한다.
-

5. N(으)로(서)

- 그는 국가대표 축구선수로 올림픽에 참가한다.
- 나는 한국어 선생님으로서 그 회의에 참석했다.
- 그녀는 어머니로서 자신의 아들의 잘못에 대해 야단을 쳤다.
-

6. A/V-(으)/느냐에 따라(서)

- 여행을 어디로 가느냐에 따라서 여행 기간과 비용이 달라진다.
- 어떻게 생각하느냐에 따라 그 일은 좋을 수도 있고 나쁠 수도 있어요.
- 무슨 선물을 사느냐에 따라서 돈이 남을 수도 있고 모자랄 수도 있다.
- 환자의 병이 얼마나 심각하냐에 따라 입원을 할 수도 있고 안 할 수도 있어요.
-

종합연습

1. 알맞은 단어를 골라 문장에 맞게 쓰세요.

살아가다	유지하다	벌다	실현하다	느끼다

1) 건강을 ____________기 위해서 매일 아침마다 삼십 분 정도 요가를 한다.

2) 유도 선수인 그는 올림픽에 나가는 게 꿈이다. 그는 자신의 꿈을 ____________(으)려고 지금도 체육관에서 열심히 땀을 흘리고 있다.

3) 그는 방학 때마다 청소나 배달 등 여러 종류의 아르바이트를 해서 등록금을 ____________.

4) 전쟁으로 아들을 잃은 그 할머니는 부모를 잃은 아이들의 엄마가 되어 남은 삶을 그 아이들과 함께 ____________기로 마음먹었다.

5) 연구에 따르면 남자가 여자보다 추위를 더 많이 ____________고 한다.

2. 단어에 대한 설명이 맞는 것을 골라 연결하세요.

1) 사회 • • 어떤 일을 하는 데 알맞은 성격으로, 직업을 선택할 우리는 꼭 이것을 생각해 봐야 한다.

2) 적성 • • 어떤 일을 할 수 있는 힘으로, 우리가 열심히 공부하는 이유도 이것을 가지기 위해서이다.

3) 과정 • • 일이 되어 가고 있는 중을 말하는데 일의 결과뿐만 아니라 이것도 중요하게 생각해야 한다.

4) 능력 • • 사람들은 함께 모여서 살아간다. 어떤 사람도 여기를 떠나서는 살 수 없다.

3. 〈보기〉와 같이 대화를 만드세요.

보기 가 : 언제부터 일본어를 공부했어요?
나 : 육 년 전부터 계속 공부해 왔어요.

1) 가 : 의학은 계속 발전해 가겠지요?
나 : 네, 앞으로도 계속 ______________________.

2) 가 : 그 사람을 언제부터 사귀었어요?
나 : 고등학교 때부터 지금까지 ______________________.

3) 가 : 언제부터 공연 준비를 했어요?
나 : 지난주부터 계속 ______________________.

4) 가 : 언제부터 이 자전거를 탔어요?
나 : 초등학교 때부터 지금까지 ______________________.

4. 〈보기〉와 같이 대화를 만드세요.

보기 가 : 부산까지 가려면 교통비가 얼마나 들까요?
나 : 무엇을 타고 가느냐에 따라 요금이 달라요.

1) 가 : 서울은 어디든지 방값이 비싸요?
나 : ______________________.

2) 가 : 그 식당은 언제나 사람이 많아요?
나 : ______________________.

3) 가 : 호주로 여행을 가려고 하는데 비용이 얼마나 들까요?
나 : ______________________.

4) 가 : 운동화를 사려고 하는데 얼마나 할까요?
나 : ______________________.

5. 다음 밑줄 친 곳에 공통적으로 들어갈 단어를 고르세요.

누군가	언젠가	무엇인가	어디엔가	어디에선가

1) • ________ 나는 친구와 함께 바닷가에서 눈사람을 만든 적이 있다.
   • 우리는 ________ 다시 만날 수 있을 거라고 믿는다.

2) • 방금 ________ 노래 부르는 소리를 들었어요?
   • ________을/를 사랑해 본 적이 있는 사람은 내 마음을 잘 알 거예요.

3) • 그 사람이 나에게 ________ 맡길 물건이 있다고 했어요.
   • 내 친구를 위해서 나는 ________을/를 해야만 한다.

4) • 그 사람을 ________ 본 것 같은데 지금 생각이 안 나요.
   • 우리 ________ 만난 적이 있는 것 같은데 어디인지는 잘 모르겠어요.

5) • 열쇠가 제 방 ________ 있을 거예요.
   • 이 세상 ________ 나와 닮은 사람이 있을 것 같아요.

6. 다음 문법을 이용해서 대화를 만드세요.

N을/를 통해서	N(으)로(서)
A/V-(으)/느냐에 따라(서)	V-아/어 가다[오다]

1) 가 : 중고 자동차를 한 대 사고 싶은데 가격이 얼마나 할까요?
   나 : ________________________________.
   가 : 그러면 우선 자동차 값으로 얼마를 쓸지 결정해야겠군요.

2) 가 : 휴가철인데 비행기 표는 어떻게 구했어요?
   나 : ________________________________.
   가 : 그래요? 그러면 나에게도 그 여행사 웹 사이트를 가르쳐 주세요.

3) 가 : 샤오밍 씨는 그 사람을 만난 지 얼마나 됐어요?
   나 : ________________________________.

4) 가 : 고맙습니다. 선생님 덕분에 이번 시험에서 일등을 할 수 있었어요.
   나 : ________________________________.
   가 : 아니에요. 선생님이 잘 가르쳐 주신 덕분이에요.

7. 잘 듣고 물음에 답하세요.

1) 상우에 대한 설명으로 틀린 것을 고르십시오.
   ① 작년에 회사를 옮겼다.
   ② 지금 하고 있는 일이 적성에 맞다.
   ③ 현재 디자인 회사에서 일하고 있다.
   ④ 요즘 직장 문제 때문에 고민이 많다.

2) 여자는 왜 직장을 옮겼습니까?
   ① 일이 어렵고 힘들어서
   ② 일의 결과가 좋지 않아서
   ③ 하던 일이 적성에 맞지 않아서
   ④ 같이 일하는 사람들과 문제가 있어서

8. 〈보기〉와 같이 친구와 이야기해 보세요.

> 보기　인터넷을 통해서 쇼핑할 수 있어요.
> 　　　필요한 정보를 얻을 수 있어요.
> 　　　친구와 전화할 수 있어요.

1) 영화	2) 신문	3) 친구
4) 책	5) 학교	

읽기

♣ 다음 글을 읽고 질문에 대답하십시오.

숨 쉬는 물건들

나는 오늘 '숨 쉬는 물건들' 이라는 가게에 다녀왔다. 다음 주에 갑자기 이사를 하게 되어서 텔레비전을 팔 수 있는 방법을 찾으려고 인터넷을 검색하다가 '숨 쉬는 물건들' 이라는 가게를 알게 되었다. '숨 쉬는 물건들' 은 중고품을 파는 곳이다. 이름이 재미있어서 나는 그 가게를 찾아가 보았다. 그런데 텔레비전을 팔려고 왔다는 이야기를 들은 점원은 텔레비전을 보지도 않고 나에게 갑자기 이렇게 물었다.

"이 텔레비전에는 어떤 사연이 있죠?"

나는 당황해서 바로 대답을 할 수 없었다. 내가 아무 말도 하지 않자 점원이 계속 말했다.

"저희들은 물건을 살 때 그 물건에 담겨 있는 사연도 함께 삽니다. 여기 이 티셔츠는 한 여학생이 고등학교 입학 선물로 아버지에게서 받은 것인데 이제는 작아져서 입을 수 없게 돼서 저희에게 판 거예요."

점원이 하는 이야기를 듣다가 갑자기 나의 한국어 선생님이 생각나서 직원에게 그 이야기를 해 주었다. 내가 처음 한국에 와서 가족도 없고 친구도 없어 외로워할 때 선생님은 나를 가족과 다름없이 대해 주셨다. 그런데 갑자기 선생님이 외국에 가시게 되어서, 쓰시던 텔레비전을 나에게 선물로 주셨다.

지금 내 텔레비전은 나와 선생님의 추억을 가지고 '숨 쉬는 물건들' 에서 다음 주인을 기다리고 있다. 이제 텔레비전을 통해서 나와 선생님의 이야기가 다른 사람에게로 전해질 것이다. 생각만 해도 마음이 따뜻해진다.

1. '숨 쉬는 물건들' 이라는 가게는 어떤 곳입니까?

2. 윗글의 내용과 다른 것을 고르십시오.

① '나' 는 '숨 쉬는 물건들' 에서 티셔츠를 샀다.
② '숨 쉬는 물건들' 에서는 사용하던 물건을 판다.
③ '숨 쉬는 물건들' 에는 사연이 있는 물건들을 판다.
④ '나' 는 텔레비전을 팔기 위해 '숨 쉬는 물건들' 에 갔다.

3. '나' 의 텔레비전에는 어떤 사연이 있습니까?

① '나' 의 친구가 입학 선물로 주었다.
② 한국에 오기 전에 부모님이 주신 선물이다.
③ '나' 가 심심해하니까 선생님이 빌려 주셨다.
④ 선생님이 외국으로 가시기 전에 '나' 에게 주신 선물이다.

중고품	사연	당황하다	전하다

쉬어 갑시다

립스틱 효과

경기가 좋으면 비싼 양주가 많이 팔리고 경기가 나쁘면 싼 소주가 잘 팔린다. 경기가 좋을 때에는 성형외과를 이용하는 사람들이 늘고 경기가 좋지 않으면 스트레스 때문에 신경정신과를 찾는 환자들이 늘어난다고 한다.

경기는 여성들의 옷차림과 화장에도 영향을 주는데, 경기가 나쁠수록 치마는 짧아지고 빨간 립스틱이 잘 팔린다고 한다. 불경기에는 빨간 립스틱 하나만으로도 얼굴을 밝게 만들 수 있어서 많은 여성들이 빨간 립스틱을 산다. 그래서 '립스틱 효과' 라는 용어가 생겼다.

'립스틱 효과' 는 립스틱처럼 가격이 저렴한 제품으로 자신을 아름답게 꾸미려고 하는 여성들의 심리에서 만들어진 용어이다. 경기가 좋지 않으면 사람들이 비싼 물건을 사기가 쉽지 않기 때문에 화장품의 경우에 가격이 비싼 다른 제품들보다는 비교적 싼 립스틱의 판매량이 증가하는 것이다.

여성들이 립스틱 하나로 기분을 바꾸는 것과 같이 남성들은 넥타이로 같은 효과를 기대한다. 그래서 불경기에는 정장을 사는 대신 넥타이를 많이 산다고 한다. 넥타이 하나로 여러 벌의 옷을 사는 것과 같은 효과를 기대하기 때문이다.

립스틱 효과는 자동차 시장에서도 찾아볼 수 있다. 중형차나 대형차는 검은색이나 흰색이 인기 있는데 소형차나 경차는 원색이 인기가 높다. 특히 경차는 빨간색을 선택하는 사람이 많다.

기업들은 적은 돈으로 큰 만족을 얻으려고 하는 사람들의 심리를 이용하여 불경기 때에는 싸고 질 좋은 상품들을 만들어 판다.

7

본문

나는 오늘 매주 목욕 봉사를 하는 상우를 따라 양로원에 가 봤다. 상우는 할아버지, 할머니들과 아주 친했다. 할아버지, 할머니들은 상우를 보자마자 지난주에는 왜 안 왔느냐고 물으셨다. 감기 때문에 못 온 상우를 많이 기다리신 것 같았다. 상우는 지난주에 왔어야 했는데 오지 못해서 죄송하다고 했다.

상우가 할아버지들의 목욕을 도와 드리는 동안 나는 방에서 할아버지, 할머니들과 이야기를 했다. 이렇게 이야기를 하다 보니 그분들이 마치 친할아버지, 친할머니처럼 느껴졌다. 내가 하는 이야기를 재미있게 들으시면서 웃으시는 할아버지, 할머니들을 보면서 참 외로우실 것 같다는 생각이 들었다. 그래서 상우처럼 매주 봉사 활동에 참여해야겠다고 다짐했다.

다음에는 나도 오늘 상우가 한 것처럼 봉사 활동을 제대로 할 수 있을 것 같다. 내가 누군가를 도와줄 수 있다는 생각을 하니 기분이 참 좋다. 이런 마음 때문에 사람들이 봉사 활동을 하는 것 같다. 평소에는 느껴 볼 수 없는 보람, 이게 바로 봉사 활동이 주는 선물인 것 같다. 기쁨은 나눌수록 커지고 슬픔은 나눌수록 작아진다는 말이 생각난다.

대답하세요

① '나'는 오늘 양로원에서 무엇을 했습니까?

② 사람들이 봉사 활동을 하는 이유는 무엇입니까?

양로원	친하다	마치	참여하다	평소	보람
기쁨	슬픔	고아원	꾸준히	다짐하다	잃다

문법 및 표현

1. V-았/었어야 하는데[했는데]

- 생일 파티에 꼭 갔어야 했는데 미안해요.
- 입학에 필요한 서류를 미리 준비했어야 하는데…….
- 지금 배가 너무 고프네요. 아까 밥을 먹었어야 했는데…….
- 이번 시험 성적이 너무 안 좋아요. 꾸준히 열심히 했어야 하는데…….
-

2. V-다 보니(까)

- 이야기를 하다 보니까 벌써 저녁 시간이네요.
- 매일 아침마다 운동을 하다 보니 건강해졌어요.
- 고아원에서 봉사 활동을 하다 보니까 아이들과 친해졌어요.
- 한국 드라마를 날마다 보다 보니 한국에 대해서 관심이 많아졌어요.
-

3. 마치

- 우리 어머니와 아버지는 마치 친구처럼 지내신다.
- 선생님께서 머리를 자르시니까 마치 대학생 같았다.
- 내 동생은 내 물건들을 마치 자기 것처럼 가져다 쓴다.
- 어려운 이웃을 도와주는 여자 친구가 마치 천사처럼 보였다.
-

4. V-아/어지다

- 이 볼펜은 글씨가 잘 써지지 않아요.
- 이 컴퓨터는 중국에서 만들어졌어요.
- 버려진 병과 캔으로 로봇 인형을 만들었대요.
- 갑자기 부모를 잃은 아이는 할머니에게 맡겨졌다.
-

5. A/V-다는 N, N(이)라는 N

- 혼자 외국어를 공부하기 어렵다는 생각이 들어요.
- 선생님이 다음 달에 결혼하신다는 소식을 들었어요.
- 그 건물을 다 짓는 데에는 사 년이라는 시간이 필요하다.
- 말하기 대회에서 일등을 하면 상금이 백만 원이라는 걸 나만 모르고 있었네요.
-

6. (A/V-(으)면) A/V-(으)ㄹ수록

- 봉사는 하면 할수록 보람을 많이 느낄 수 있습니다.
- 그 사람은 만나면 만날수록 좋은 사람인 것 같아요.
- 물은 많이 마시면 마실수록 우리 몸에 좋다고 합니다.
- 어제 있었던 일을 생각하면 생각할수록 기분이 나쁘네요.
-

종합연습

1. 알맞은 단어를 골라 문장에 맞게 쓰세요.

참여하다 잃다 친하다 다짐하다

1) 이번 방학에는 ________ 친구들끼리 여행을 가기로 했다.

2) 이번 올림픽을 보면서 나도 훌륭한 선수가 되어야겠다고 ________.

3) 등산을 갔다가 길을 ________ 적이 있다.

4) 이번 학기에는 해외 봉사 활동에 ________ 학생에게 장학금을 준다고 한다.

2. 〈보기〉와 같이 대화를 완성하세요.

보기
가 : 요즘 건강해 보여요.
나 : 운동을 매일 하다 보니까 건강이 좋아졌어요.

1) 가 : 요즘 한국어 발음이 좋아진 것 같아요.
   나 : ____________________ 좋아졌어요.

2) 가 : 외국 사람인데도 김치를 잘 먹네요.
   나 : ____________________ 김치를 좋아하게 되었어요.

3) 가 : 왜 이렇게 늦게 들어왔어?
   나 : ____________________ 이렇게 늦어졌어요.

4) 가 : 세계 역사에 대해서 어떻게 그렇게 잘 알아요?
   나 : ____________________ 많이 알게 되었어요.

3. 〈보기〉와 같이 대화를 완성하세요.

보기 가 : 어제 제가 얼마나 많이 기다렸는지 알아요?
나 : 죄송해요. 미리 전화를 드렸어야 했는데…….

1) 가 : 비행기 표가 벌써 다 팔렸대요.
나 : 큰일이네요. ______________________.

2) 가 : 사진 안 가지고 왔어요? 서류에 붙일 사진이 필요해요.
나 : 죄송해요. ______________________.

3) 가 : 면접 잘 봤어? 이번 시험만 통과하면 합격이라고 했지?
나 : 아니, 잘 못 봤어. ______________________.

4) 가 : 아직도 열이 나고 기침을 해요? 병원에는 가 봤어요?
나 : 아니요, 아직 못 갔어요. ______________________.

4. 다음 문법을 이용해서 대화를 완성하세요.

A/V-다는 N	V-았/었어야 했는데
V-아/어지다	A/V-(으)면 A/V-(으)ㄹ수록

1) 가 : 왜 갑자기 전화를 끊었어요?
나 : 제가 전화를 끊은 게 아니라 전화가 그냥 ______________.

2) 가 : 무슨 일 있어요? 오늘 기분이 안 좋아 보여요.
나 : 이번 시험 결과가 좋지 않아요. ______________________.

3) 가 : ______________________ 들었어요?
나 : 피터 씨가 내일 고향으로 돌아간다고요? 누구한테서 들었어요?

4) 가 : 감독님, 어떤 드라마를 만들고 싶습니까?
나 : ______________________ 마음이 따뜻해지는 드라마를 만들려고 노력하고 있습니다.

5. 'V-아/어지다'를 사용하여 문장을 완성하세요.

주다　　버리다　　만들다　　쓰다

1) 이번 신제품이 ____________ 데 3년이라는 긴 시간이 걸렸다.

2) 선수들이 각자 자기에게 ____________ 역할을 잘해 낸다면 우리 팀은 우승할 수 있을 것이다.

3) 글씨가 잘 ____________ 않는 볼펜들을 다 버리고 나니 남아 있는 볼펜이 두 개밖에 없다.

4) 그 할머니가 장학금으로 내 놓은 돈은 ____________ 종이 상자들을 모아서 판 돈을 모은 것이라고 한다.

6. 잘 듣고 물음에 답하세요.

1) 다음 중 상우가 한 봉사 활동이 아닌 것을 고르세요.

① 청소　　② 빨래

③ 식사 준비　　④ 목욕

2) 들은 내용과 같은 것을 고르세요.

① 아사코는 봉사를 시작한 지 한 달이 되었다.

② 상우는 앞으로 1년 동안 봉사 활동을 할 계획이다.

③ 상우는 다음 주에 아사코를 따라 봉사를 하러 갈 계획이다.

④ 아사코는 좀 더 일찍 봉사 활동을 시작하지 못한 것을 후회한다.

3) (　　　)에 알맞은 말을 들은 내용 중에서 찾아 쓰세요.

봉사를 하면 할수록 사람들은 더 큰 (　　　　)을/를 느끼게 될 것이다.

LEVEL 4

7. 친구들과 함께 다음에 대해서 이야기해 봅시다.

1) 배우면 배울수록 어려운 외국어

2) 만나면 만날수록 좋은 사람

3) 하면 할수록 재미있는 일

4) 먹으면 먹을수록 맛있는 음식

5) 읽으면 읽을수록 재미있는 책

8. 여러분은 다른 사람을 위해서 봉사해 본 적이 있습니까? 그 봉사 활동에 대해 잘 생각해 보고 다음 질문에 답해 봅시다.

- 언제 했습니까?
- 어디에서 했습니까?
- 무슨 일을 했습니까?
- 봉사를 해 보니 어떻습니까?
- 여러분은 어떤 봉사 활동을 하고 싶습니까?
- 여러분이 할 수 있는 봉사에는 무엇이 있을까요?

보기

중학교 때 고아원에 봉사 활동을 간 적이 있습니다. 그 고아원에는 태어난 지 1년이 안 되는 아기부터 초등학교에 다니는 어린이들까지 약 30여 명이 함께 생활하고 있었습니다. 저는 아이들과 동화책도 함께 읽고 운동장에서 공놀이도 함께 하면서 재미있게 하루를 보냈습니다. 아이들과 헤어져서 집으로 돌아올 때 제가 참 행복하게 살고 있다는 생각을 하게 되었습니다. 그리고 시간이 날 때마다 그곳을 방문하겠다고 생각했었습니다. 하지만 저는 그 후로 그 고아원에 다시 가 보지 못했습니다. 봉사는 한 번 하고 그만두는 것이 아니라 계속 해야 하는데 저는 그렇게 하지 못해서 부끄럽습니다.

읽기

♣ 다음 글을 읽고 질문에 대답하십시오.

봉사, 세상을 아름답게 하는 방법

사람은 '사회적 동물'이라는 말이 있다. 이 말은 이 세상에 혼자 살 수 있는 사람은 아무도 없으며 사람은 다른 사람들과 여러 가지 관계를 맺으면서 살아간다는 뜻이다. 그래서 우리는 주위에 있는 사람들에게 관심을 가져야 하며 도움이 필요한 사람들에게 도움을 줄 수 있어야 한다.

사람들은 '봉사'를 어렵거나 힘든 일이라고 생각한다. 많은 사람들은 바빠서 봉사할 시간이 없다는 말을 쉽게 한다. 돈이 없어서 다른 사람을 도와줄 수 없다고 말하는 사람들도 있다. 봉사는 하기 힘들거나 어려운 일이 아니다. ㉠마음만 있으면 누구나 할 수 있는 일이다.

우리는 어떻게 다른 사람들을 도와줄 수 있을까? 돈이나 물건을 기부할 수도 있지만 할머니의 무거운 가방을 들어 주거나 외국인에게 길을 가르쳐 줄 수도 있다. 휴지를 줍는 것도 봉사이고 집 앞의 길을 청소하는 것도 봉사이다. 이런 일들은 주위에 대한 관심만 있으면 누구든지 쉽게 할 수 있는 일들이다.

봉사를 어렵거나 시간이 많이 드는 일이라고 생각하지 말고 작은 일부터 실천해 보자. 봉사는 ㉡마음만 먹으면 누구든지 할 수 있는 일이다. '나'의 작은 관심이 우리 사회를 행복하게 만들 수 있을 것이며, 이 세상을 더욱 아름답게 만들 수 있을 것이다.

LEVEL 4

1. ㉠과 바꿔 쓸 수 있는 말을 고르십시오.

① 돈 ② 힘

③ 관심 ④ 시간

2. 글의 내용과 다른 것을 고르십시오.

① 봉사를 하려면 바쁘지 않아야 한다.

② 마음만 있으면 누구나 봉사를 할 수 있다.

③ 사람들은 봉사를 힘든 일이라고 생각한다.

④ 우리 주위에는 쉽게 할 수 있는 봉사가 많다.

3. ㉡의 '마음만 먹으면'은 무슨 뜻입니까?

4. 이 글의 제목에서는 봉사를 '세상을 아름답게 하는 방법'이라고 했습니다. 여러분이 생각하는 봉사에 대한 정의를 써 보십시오.

세상 관계 맺다

쉬어 갑시다

스트레스

스트레스라는 말은 현대인들이 느끼는 신체적 · 심리적 부담감을 뜻한다. 스트레스는 더위, 추위 등에 의해서 발생하기도 하고, 질병이나 인간관계에서 생기기도 한다.

현대인들은 지나친 스트레스에 시달리고 있는 경우가 많다. 그럼에도 불구하고 사람들은 스트레스를 조절하거나 해소하는 방법을 잘 알지 못한다. 그래서 음주, 흡연, 과식 등과 같은 부정적인 방법으로 스트레스를 해소하고 있다. 이러한 방법들은 일시적으로 스트레스를 해소하는 데에는 도움이 되지만 근본적으로 마음의 안정을 되찾기는 힘들다. 스트레스가 만병의 근원이라는 말이 있는 것처럼 살아가면서 끊임없이 받게 되는 스트레스는 주로 건강에 나쁜 영향을 미친다.

스트레스가 우리 몸에 나쁜 영향을 미치지 않게 하는 방법으로 우리가 쉽게 할 수 있는 것은 바로 운동이다. 자신이 좋아하는 운동을 하면서 긴장감이나 불안감 등을 쉽게 없앨 수 있다. 커피와 같이 카페인이 들어 있는 음식이나 초콜릿과 같이 단 음식을 먹는 것도 일시적으로 스트레스를 푸는 데에 도움이 된다. 친구와 이야기를 나누거나 재미있는 영화를 보는 것도 마찬가지의 효과를 누릴 수 있다.

현대인들이 스트레스를 받지 않고 살아가는 것은 거의 불가능하다. 중요한 것은 받은 스트레스를 '어떻게 풀 것인가' 하는 문제이다. 각자 자신에게 맞는 스트레스 해소 방법을 가지고 있어야 하며 무엇보다 스트레스가 쌓이지 않도록 하는 것이 중요하다.

본문

나는 한국 전통 문화 체험 프로그램을 통해서 처음으로 천연 염색을 해 보았다. 천연 염색을 직접 해 보기 전에는 어떤 재료를 사용해서 염색을 하는지 잘 몰랐다. 그런데 오늘 나는 황토, 나뭇잎 등 평소에 천연 염색의 재료가 될 거라고 한번도 생각해 보지 못한 것들도 염색의 재료가 된다는 사실을 알게 되었다. 염색하는 방법도 간단해서 누구든지 손쉽게 염색을 할 수 있다는 것도 알았다.

나는 양파 껍질을 이용해서 염색을 해 보았다. 선생님의 말씀대로 주황색 양파 껍질을 물에 넣고 끓이니까 물이 빨갛게 변했다. 그 물에 옷감을 20분 정도 담가 둔 후에 여러 번 헹구었다. 그러자 옷감이 노란색이 되었다.

주황색을 기대했는데 노란색이 되다니 실망스럽기도 하고 놀랍기도 했다. 선생님 말씀에 따르면 염색을 하다 보면 우리가 예상하지 못한 색이 얼마든지 나올 수 있다고 한다. 그리고 같은 재료를 사용해도 날씨나 염색 시간에 따라 색깔이 조금씩 달라진다고 한다. 세상에 하나밖에 없는 색깔을 만드는 것이 천연 염색의 매력인 것 같다.

대답하세요

① 천연 염색은 어떤 것으로 할 수 있습니까?
② '나'는 무엇 때문에 실망스러웠습니까?
③ 천연 염색의 좋은 점은 무엇입니까?

체험	천연	염색	황토	손쉽다	껍질
옷감	헹구다	기대하다	실망스럽다	놀랍다	예상하다
나오다	매력	동작	자랑스럽다	여성스럽다	사랑스럽다

문법 및 표현

1. 손쉽다

- 손쉽게 돈 벌 수 있는 일이 없을까요?
- 그는 고장 난 컴퓨터를 손쉽게 고쳤다.
- 이 책에는 누구나 쉽게 따라할 수 있는 요가 동작이 소개되어 있습니다.
-

2. A/V-다니, N(이)라니

- 김 선생님이 40살이라니 믿을 수 없어요.
- 제니 씨가 말하기 대회에서 1등을 하다니 정말 대단하네요.
- 집값이 올라서 집을 사려면 10년은 걸리겠어요.
  - 집을 사는 데 그렇게 오래 걸리다니 믿을 수 없어요.

- 이삿짐 정리 다 했어요?
  - 다 하다니요? 아직 시작도 못했는데요.
- 우리 학교에 외국 학생이 500명쯤 되지요?
  - 500명이라니요? 1000명도 넘을 거예요.
-

LEVEL 4

3. N-스럽다

• 항상 열심히 일하시는 아버지가 자랑스럽다.
• 꽃무늬가 있는 여성스러운 블라우스를 사려고 하는데요.
• 저는 남자 친구가 저를 위해 요리해 줄 때 가장 사랑스러워요.
• 야구 경기에서 우리가 졌어요.
  – 저도 봤어요. 이길 줄 알았는데 실망스러워요.
•

4. A/V-기도 하고 A/V-기도 하다

• 좋아하는 배우와 사진을 찍으니 좋기도 하고 부끄럽기도 했어요.
• 항상 나를 믿어 주시는 부모님이 고맙기도 하고 잘해 드리지 못해서 죄송하기도 합니다.
• 소영 씨는 찜질방에서 뭐 해요?
  – 잠을 자기도 하고 TV를 보기도 해요.
•

5. N에 따르면

• 일기예보에 따르면 오후부터 흐리고 비가 올 거라고 합니다.
• 설명서에 따르면 컴퓨터를 켠 후 1분 정도 기다려야 한대요.
• 안내 방송에 따르면 지금부터 30분 동안 채소를 반값에 판대요.
• 기숙사 규칙에 따르면 방 안에서는 담배를 피우면 안 된다고 합니다.
•

6. V-다 보면

• 살다 보면 좋은 일도 있고 나쁜 일도 있어요.
• 이 길로 똑바로 가다 보면 전자상가가 보일 거예요.
• 책을 많이 읽다 보면 나중에 글을 잘 쓸 수 있을 거예요.
• 라디오를 듣다 보면 요즘 무슨 노래가 유행인지 알 수 있어요.
•

종합연습

1. 알맞은 단어를 골라 문장에 맞게 쓰세요.

손쉽다	기대하다	헹구다	나오다

1) 세수를 할 때 마지막에는 찬 물로 ________.

2) 이번에 새로 ________ 상품을 소개해 드리겠습니다.

3) 무슨 일이든지 너무 크게 ________ 마세요. 실망도 클 테니까요.

4) 이 카메라는 사용법이 간단해서 누구나 ________ 사용할 수 있어요.

2. 〈보기〉와 같이 대화를 만드세요.

보기
가 : 제니 씨에게 아이가 두 명 있대요.
나 : 아이가 있다니 믿을 수 없어요. 저는 제니 씨가 결혼 한 것도 몰랐어요.

1) 가 : 민수 씨 할머니께서 돌아가셨어요.
나 : ____________________. 지난달까지 건강하셨는데요.

2) 가 : 이 그림 좀 보세요. 정말 잘 그렸지요?
나 : ____________________. 저는 사진인 줄 알았어요.

3) 가 : 민수의 키가 190센티미터가 넘는대.
나 : ____________________. 어릴 때는 우리 중에서 키가 제일 작았잖아.

4) 가 : 실수로 결혼반지를 잃어버렸어요. 어떡하죠?
나 : ____________________. 우리에게 얼마나 소중한 건데요.

3. 〈보기〉와 같이 대화를 완성하세요.

> **보기** 가 : 제니퍼 씨, 숙제 다 했어요?
> 나 : 다 하다니요? 아직 반도 못 했어요.

1) 가 : 투이 씨는 성격이 내성적이지요?
   나 : ____________________. 얼마나 성격이 밝고 활발한데요.

2) 가 : 스카프 예쁘네. 아주 비싸 보여.
   나 : ____________________. 인터넷으로 만 원 주고 샀어.

3) 가 : 김 선생님께서 시험이 내일이라고 하셨어.
   나 : ____________________. 박 선생님께서는 모레라고 하셨는데.

4) 가 : 아이가 말도 잘 듣고 참 어른스럽네요.
   나 : ____________________. 장난이 심해서 걱정이에요.

4. 알맞은 단어를 골라 문장에 맞게 쓰세요.

자연스럽다	자랑스럽다	사랑스럽다	걱정스럽다	실망스럽다

1) 매 학기마다 장학금을 받는 딸이 ____________________.

2) 사진 찍을 때 긴장하지 말고 ____________________ 웃으세요.

3) 동생이 해외에서 공부하는데 요즘 연락이 안 돼서 정말 __________.

4) 가 : 그 공연 어땠어요? 많이 보고 싶어했잖아요.
   나 : 생각한 것보다 재미없었어요. 그래서 조금 ____________________.

5) 가 : 언제 아내가 가장 ____________________?
   나 : 저녁을 준비해 놓고 저를 기다릴 때가 가장 ____________________.

5. 〈보기〉와 같이 대화를 만드세요.

보기 가 : 놀이 공원에 있는 '귀신의 집'에 갔다 왔다면서요? 어땠어요?
나 : 재미있기도 하고 무섭기도 했어요.

1) 가 : 우리 반 대표로 대회에 나가서 일등 한 박태훈 씨가 자랑스럽지요?
나 : ______________________________.

2) 가 : 컴퓨터 프로그램을 만드는 게 정말 어렵지요?
나 : ______________________________.

3) 가 : 전기가 없었을 때는 어떻게 살았을까요?
나 : ______________________________.

4) 가 : 딸이 경기하는 걸 직접 보셨다면서요? 어떠셨어요?
나 : ______________________________.

6. 다음 문법을 이용해서 대화를 만드세요.

A/V-다니	A/V-기도 하고 A/V-기도 하다
N에 따르면	V-다 보면

1) 가 : 앞으로 우리나라의 경제가 어떻게 될까요?
나 : ______________________________.

2) 가 : 룸메이트와 함께 생활하기가 어때요?
나 : ______________________________.

3) 가 : 나는 한국어로 이메일을 쓰는 게 익숙하지 않아서 불편해.
나 : ______________________________.

4) 가 : 이번 학기는 등록하지 않고 휴학할까 해요.
나 : ______________________________.

7. 친구들과 함께 이야기해 봅시다.

1) 어떤 사람이 사랑스럽습니까?

2) 걱정스러운 일이 있습니까?

3) 자신에게 실망스러웠던 적이 있습니까?

4) 자신이 언제 자랑스러웠습니까?

8. 잘 듣고 물음에 답하세요.

1) 노래 수업에 대한 내용과 다른 것은 무엇입니까?
   ① 비용은 삼만 원이다.
   ② 전통 노래를 배울 수 있다.
   ③ 일주일에 두 번 수업이 있다.
   ④ 가수가 되고 싶은 사람들이 배운다.

2) 한국 요리 수업에 대한 내용과 다른 것은 무엇입니까?
   ① 인터넷으로 신청할 수 있다.
   ② 간단한 요리를 배울 수 있다.
   ③ 재료에 드는 비용은 무료이다.
   ④ 수업시간은 일주일에 두 시간이다.

3) 한국어 수업에 대한 내용과 다른 것은 무엇입니까?
   ① 책값을 내야 한다.
   ② 오후에는 수업이 없다.
   ③ 초급부터 공부할 수 있다.
   ④ 하루에 2시간씩 수업을 한다.

읽기

♣ 다음 글을 읽고 질문에 대답하십시오.

서울 관광은 시티투어로!

여러분은 시티투어를 이용해 보셨습니까? 하루 동안 서울의 여기저기를 구경하고 싶다면 시티투어를 이용해 보십시오. 버스를 타고 다니면서 관광지를 구경할 수 있습니다. 시내 관광 코스, 고궁 관광 코스, 야경 코스 중 마음에 드는 것으로 고를 수 있습니다. 시간이 있는 분은 세 가지를 다 선택하시면 서울의 다양한 모습을 보실 수 있습니다.

시티투어를 이용하시면 다음과 같은 점이 좋습니다. 첫째, 서울의 인기 있는 관광지와 쇼핑 장소를 편하게 구경하실 수 있습니다. 둘째, 투어 시간과 장소를 마음대로 고를 수 있습니다. 셋째, 안전하고 편하게 관광할 수 있습니다. 넷째, 여러 나라의 말로 관광 안내를 받을 수 있습니다. 마지막으로 시티투어 표로 박물관, 미술관, 공연장에 무료로 들어가거나 할인을 받을 수 있습니다.

매년 600만 명의 관광객이 찾는 서울에는 시티투어가 있습니다. 서울에 처음 온 외국인 관광객, 다른 도시에서 오신 분, 체험 학습을 하려는 학생들이 여행을 즐겁고 편하게 할 수 있습니다.

시티투어에 관한 더 ㉠자세한 정보를 원하시면 아래의 전화번호로 연락해 주시기 바랍니다.

☎ 02-7770-6090

1. 시티투어에 대한 설명으로 맞는 것을 고르십시오.

① 외국인만 이용할 수 있다.
② 일주일 동안 구경할 수 있다.
③ 서울의 관광지를 구경할 수 있다.
④ 세 가지 코스 중 하나만 이용할 수 있다.

2. 시티투어를 이용하면 좋은 점이 아닌 것은 무엇입니까?

① 밤에도 시티투어를 할 수 있다.
② 시티투어 표가 있으면 공연을 싸게 볼 수 있다.
③ 매년 600만 명이 시티투어를 이용한다.
④ 여러 나라 말로 관광 안내를 받을 수 있다.

3. 밑줄 친 ㉠의 '자세한 정보'에 포함되지 않는 것은 무엇입니까?

① 비용
② 장점
③ 출발 시간
④ 예약 방법

4. 여러분은 처음 가 본 도시를 구경할 때 시티투어를 이용하시겠습니까? 이용한다면 그 이유는 무엇입니까? 이용하지 않는다면 그 이유는 무엇입니까?

시티투어	고궁	코스	야경	고르다
공연장	학습			

쉬어 갑시다

발이 편해야 몸도 건강하다

우리 신체 중 가장 고생하는 부분은 어디일까? 그것은 아마도 평생 신발 속에서 우리 몸을 받치고 걸어야 하는 발이 아닐까? 발은 우리 몸에서 가장 중요한 역할을 하는 곳 중의 하나지만 더럽고 냄새가 난다는 이유로 우리의 관심 밖에 있으며 우리는 그 고마움을 잊고 산다.

사람이 태어나서 60세까지 걷는 거리는 약 16만 킬로미터 정도로 지구를 세 바퀴 반이나 도는 것과 비슷하다고 한다. 보통 1킬로미터 걸을 때 16톤의 힘이 들어간다. 그래서 발 모양이 변하고 발에 여러 가지 문제가 생기기 쉽다.

건강한 발은 우리 몸과 마음을 편하게 해 준다. 발이 차면 소화가 잘 안 되는데, 이때 따뜻한 물에 발을 담그고 있으면 좋다. 오랜 시간 동안 걸어서 다리가 아플 때에는 발을 주무르고 씻어 주는 것이 효과적이다. 이렇게 발은 우리 몸의 교통 수단뿐만 아니라 몸 전체의 건강과도 관계가 있기 때문에 발을 잘 관리하는 것이 중요하다.

마사이족처럼 걸어 보자

아프리카에 살고 있는 마사이족은 180cm가 넘는 큰 키와 날씬한 몸매를 가지고 있다. 마사이족은 척추가 곧은 것으로도 유명한데, 이는 올바른 자세로 꾸준히 걸어서 허리가 튼튼해졌기 때문이다.

마사이족은 맨발로 생활을 하지만 발바닥에 굳은살이 없다. 이것은 걸을 때 발바닥 전체를 이용하기 때문이다. 마사이족의 걸음은 3단계이며 걸을 때 보폭을 크게 해서 걷는다. 〈1단계: 발뒤꿈치 땅에 닿기 → 2단계: 발바닥 굴리기 → 3단계: 앞으로 나가기〉 이렇게 마사이족처럼 걸으면 무릎과 발목에 힘이 들지 않으면서 운동 효과도 있고 건강에도 좋다.

LEVEL 4

9

본 문

최근 육체적, 정신적 건강을 유지함으로써 행복한 삶을 살고자 하는 사람들이 많아지면서 웰빙 바람이 불고 있다. 웰빙에 대한 높은 관심은 사람들의 생활 습관에도 많은 영향을 미치고 있다.

우선 식생활이 변하고 있다. 고기를 좋아하던 사람들도 생선이나 채소를 즐겨 먹고 외식보다는 가정에서 신선하고 좋은 재료로 직접 만들어 먹는 것을 좋아한다. 인스턴트 음식보다는 번거로워도 직접 만들어 먹는 것이 건강에 좋기 때문이다. 그리고 건강을 위해서 운동을 하는 사람들도 크게 증가했다. 아침에 공원에 가 보면 운동을 하는 사람들을 쉽게 볼 수 있으며 운동할 시간을 내지 못하는 사람들은 자전거를 이용해서 출퇴근하기도 한다. 사람들의 여가 생활도 바뀌고 있다. 마음을 안정시키는 데에 효과가 있는 것으로 알려진 단전호흡이나 요가를 배우는 사람들이 많아졌으며 춤이나 음악, 등산, 여행 등 취미 활동을 하는 사람들도 늘었다.

이와 같은 웰빙에 대한 관심으로 의류, 식품, 가전제품 등 다양한 상품이 생산되고 웰빙과 관련된 인터넷 사이트도 늘고 있다. 건강하고 행복하게 사는 것에 대한 사람들의 관심이 '웰빙 문화'를 만들고 있는 것이다.

대답하세요

① 웰빙에 대한 관심은 사람들의 생활에 어떤 변화를 가져왔습니까?
② 마음을 안정시키기 위해서 사람들이 하는 활동에는 무엇이 있습니까?
③ 무엇이 '웰빙 문화'를 만들고 있습니까?

웰빙	관심	영향	미치다	식생활	외식
신선하다	증가하다	여가	효과	-시키다	단전호흡
의류	식품	가전제품	생산되다	고치다	찾아뵙다
변화	화해	오염	굶다		

문법 및 표현

1. V-(으)ㅁ으로써

- 친구가 유학감으로써 우리는 3년 동안 만날 수 없었다.
- 서로를 이해함으로써 우리는 행복해질 수 있다.
- 연세가 많으신데 어떻게 건강을 유지하셨나요?
  - 매일 달리기를 함으로써 몸과 마음의 건강을 지킬 수 있었어요.
-

2. V-고자

- 한국 문화를 배우고자 한국에 왔습니다.
- 나쁜 습관을 고치고자 노력했지만 쉽지가 않았습니다.
- 이번 음악회에 여러분을 초대하고자 하니 많이 참석해 주시기 바랍니다.
-

3. 영향을 미치다

- 부모의 행동은 아이에게 많은 영향을 미친다.
- 건강에 나쁜 영향을 미칠 것을 알면서도 담배를 끊지 못하니 걱정이에요.
- 아직까지도 고등학교 때 선생님을 찾아뵙나 봐요.
  - 내 삶에 큰 영향을 미친 분이거든요.
-

4. N-시키다

- 봉사는 사회를 따뜻하게 변화시키는 힘입니다.
- 저 두 사람을 화해시킬 좋은 방법이 없을까요?
- 우리가 버린 쓰레기가 산과 강을 오염시키고 있습니다.
-

5. 효과가 있다[없다]

- 커피는 두통에 효과가 있다고 한다.
- 당뇨병에 좋다는 약은 모두 먹어 보았지만 별로 효과가 없었어요.
- 다이어트 하느라고 밥을 안 먹었더니 힘이 없어요.
  - 굶는 것은 다이어트에 효과가 없어요.
-

6. N(으)로 알려지다

- 내가 영어를 잘하는 것으로 잘못 알려져서 정말 큰일이에요.
- 이번 시험에서 1등을 한 것으로 알려진 저 친구는 내 초등학교 동창이다.
- 저 사람도 영화배우인가요?
  - '사랑' 이라는 영화로 최근에 알려진 사람인데 몰라요?
-

7. N와/과 관련되다

- 한국과 관련된 일을 하고 싶어서 한국어를 배우고 있어요.
- 내 친구는 저 영화배우와 관련된 것이라면 모르는 것이 없어요.
- 어떻게 하면 좋은 학점을 받을 수 있을까요?
  - 교재도 열심히 보고 전공과 관련된 다른 책들도 읽으면 좋아요.
-

종합연습

1. 〈보기〉와 같이 문장을 완성하세요.

> 보기 축구 경기에서 이기고자 노력했지만 졌습니다.

1) ______________ 하는 학생은 열심히 공부해야 합니다.

2) ______________ 할 때는 먼저 여행사에 알아보아야 합니다.

3) 오늘은 한국의 노인 문제에 관해 ______________.

4) 외국 학생들이 쉽게 이해할 수 있는 한국어 책을 ______________.

2. 알맞은 단어를 골라 〈보기〉와 같이 대화를 완성하세요.

이해	교육	운동	청소	입원

> 보기 가 : 동생이 감기가 심하다면서요?
> 나 : 네, 그래서 병원에 입원시켰어요.

1) 가 : 방이 너무 엉망이에요.
   나 : 지금 숙제하느라 너무 바빠요. 이따가 동생이 오면 ______________.

2) 가 : 대학교에 입학을 안 하고 장사하는 것을 부모님이 싫어하지 않으셨어요?
   나 : 싫어하셨어요. 장사를 하는 것보다 부모님을 ______________ 더 힘들었어요.

3) 가 : 아이가 살이 많이 쪄서 걱정이라면서요?
   나 : 네, 그래서 ______________.

4) 가 : 한국의 부모님들은 자식들을 ______________ 것을 가장 중요하게 생각하셨어요.
   나 : 맞아요. 그것이 바로 지금의 한국을 만든 힘이에요.

3. 〈보기〉와 같이 문장을 완성하세요.

보기 아버지가 회사를 옮김으로써 우리 가족이 이사를 가게 되었다.

1) 웰빙에 대한 관심이 ________________ 외식 문화가 변화하고 있다.

2) 자전거를 이용하여 ________________ 교통비는 물론 출근 시간도 줄이게 되었다.

3) 한국 전통 문화를 직접 ________________ 한국에 대해 관심이 더 많아졌다.

4) 병, 종이 등을 ________________ 쓰레기의 양을 줄일 수 있고 환경도 보호할 수 있다.

4. 알맞은 단어를 골라 문장에 맞게 쓰세요.

효과　　의류　　식품　　변화　　화해

1) 가 : 여름인데 왜 긴 옷을 가져가요?
나 : 산에서는 온도 ________이/가 크거든요. 낮에는 덥지만 밤이 되면 추울 거예요.

2) 가 : 두 사람 정말 친한가 봐요.
나 : 고등학교 때 크게 싸웠는데 ________한 이후로 제일 친한 친구가 되었어요.

3) 가 : 도서관에서 아르바이트하니까 좋아요?
나 : 그럼요. 책도 많이 읽고 돈도 버니까 일석이조의 ________을/를 얻고 있어요.

4) 가 : 소영 씨 아버지는 무슨 일을 하세요?
나 : 블라우스, 치마 등 여성 ________을/를 만드는 일을 하세요.

5) 가 : 전쟁으로 집을 잃은 사람들에게 ________와/과 약을 보내 주기 위해서 돈을 모으고 있어요.
나 : 그래요? 그럼 적은 돈이지만 나도 낼게요.

5. 다음 문법을 이용해서 대화를 완성하세요.

V-(으)ㅁ으로써	V-고자 하다	N-시키다
N(으)로 알려지다	영향을 미치다	N와/과 관련되다
효과가 있다[없다]		

1) 가 : 제니퍼 씨, 슈퍼마켓에 간다고 하더니 왜 그냥 와요?
   나 : 너무 무거워서 들고 올 수가 없어서 집으로 ________________.

2) 가 : 약값이 너무 비싼 것 같아.
   나 : 그래도 ________________ 또 사 드릴 테니까 꼭 드세요.

3) 가 : 이제 졸업도 했으니 취직을 해야지.
   나 : 네, 그런데 ________________ 일을 찾는 게 쉽지가 않네요.

4) 가 : 아직도 담배를 피우세요?
   나 : 건강에 나쁜 ________________ 것을 알면서도 계속 피우게 되네요.

5) 가 : 이번 봉사 활동에 참가한 느낌이 어때요?
   나 : 힘들었지만 봉사 활동에 ________________ 많은 것을 배우고 좋은 친구도 사귀게 되었습니다.

6) 가 : 학교 다닐 때 친하게 지내던 그 친구와 요즘도 자주 만나요?
   나 : 아니요, 친구가 ________________ 자주 못 만나요.

7) 가 : 시민 여러분, 쓰레기 양을 줄이고 자원을 재활용하기 위해 분리수거를 ________________.
   나 : 언제부터 시작합니까?

6. 친구들과 함께 이야기해 봅시다.

• 건강에 좋은 습관과 나쁜 습관을 알아봅시다.

건강에 좋은 습관	• 아침에 일찍 일어난다. • • •
건강에 나쁜 습관	• 저녁 늦게 음식을 먹는다. • • •

1) 여러분 나라의 사람들은 건강하게 살기 위해 무엇을 합니까?

2) 여러분은 건강을 위해 무엇을 하고 있습니까?

7. 잘 듣고 물음에 답하세요.

1) 김민수 교수가 말한 건강하게 오래 사는 방법은 무엇입니까?

① 술을 조금만 마신다.
② 조금씩 자주 먹는다.
③ 긍정적으로 생각한다.
④ 식사 후에 운동을 한다.

2) 들은 내용과 같은 것은 무엇입니까?

① 외향적인 성격과 오래 사는 것과는 관계가 없다.
② 부모가 자주 화를 내면 아이들의 성격이 나빠진다.
③ 부모의 성격이 아이의 건강에 영향을 미칠 수 있다.
④ 우울할 때 초콜릿과 케이크와 같이 단 음식을 먹으면 좋다.

읽기

♣ 다음 글을 읽고 질문에 대답하십시오.

'웃음'의 효과

'웰빙 문화'가 생기면서 건강에 좋은 음식과 운동을 찾아다니는 사람들이 많아졌다. 그러나 웰빙을 위한 방법은 먼 곳에 있는 것이 아니라 가까운 곳에 있다. ㉠바로 '웃음'이다.

웃음은 가장 값싸게 건강을 지킬 수 있는 방법이다. 옛날부터 웃음은 사람을 젊게 만드는 데 효과가 있는 것으로 알려져 왔다. 실제로 아픈 사람에게 '웃음 치료법'으로 치료를 해 보니 효과가 있었다고 한다.

웃음의 효과는 우리가 생각하는 것보다 훨씬 많다. 웃음은 우리 몸의 피를 맑게 하고 폐에 산소를 많이 보내 주어 건강에 좋다. 웃을 때 신선한 공기가 폐의 깊은 곳까지 들어가 나쁜 공기를 몸 밖으로 내보내고 깨끗한 공기로 바꿔 주기 때문이다. 그리고 우리의 심장을 튼튼하게 해 주고 스트레스를 줄여 주고 부정적인 생각을 긍정적인 생각으로 바꿔 준다고 한다. 한 번 크게 웃는 웃음은 100m를 달리는 것과 같은 효과가 있다고 한다. 그래서 '웃음 치료 교실'을 만드는 병원이 많아지고 있다.

'웃음 치료'는 간단하다. 미소나 작은 소리로 웃는 것보다 큰 소리로 '하하하' 하고 웃는 것이 좋다. 박수를 치면서 웃는 것도 좋은 방법이다. 하루에 10분 이상, 한 번 웃을 때 15초 이상 길게 웃는 것이 효과가 있다고 한다.

1. 글의 내용과 다른 것을 고르세요.

① 큰 소리로 오래 웃는 것이 건강에 좋다.
② 웃으면서 달리기를 하면 효과가 더 크다.
③ 웃는 것은 병을 치료하는 데 효과가 있다.
④ 웃음은 우리의 생각을 긍정적으로 바꿔 준다.

2. ㉠의 '바로'와 다른 의미로 사용된 문장을 고르세요.

① 여기가 바로 도서관이에요.
② 저 사람이 바로 제니퍼씨예요.
③ 고향에 도착하면 바로 전화하세요.
④ 저분이 바로 한국어 4급 선생님이세요.

3. '웃음 치료'처럼 값싸게 건강을 지킬 수 있는 방법에는 어떤 것들이 있는지 써 봅시다.

① 항상 긍정적으로 생각한다.
② ______________________.
③ ______________________.
④ ______________________.

값싸다	피	폐	산소	내보내다	튼튼하다
부정적	긍정적	미소			

쉬어 갑시다

피그말리온 효과 (pygmalion effect)

그리스 신화에 피그말리온이라는 조각가 이야기가 있다. 피그말리온은 왕이지만 조각가로 더 유명했다. 어느 날 그는 아름다운 여자의 모습을 조각했다. 그 조각품이 너무나 아름다워서 피그말리온은 사랑에 빠지고 말았다. 그는 조각품을 사람처럼 생각하고 이름을 붙여 주고 아름다운 옷을 입혀 주고 아름답게 꾸며 주었다. 밥을 먹을 때도 잠을 잘 때도 항상 옆에 두고 날마다 자신의 이야기를 들려 주었다. 그러는 동안 사랑은 더욱 깊어졌고 피그말리온은 조각품이 진짜 사람이 되었으면 좋겠다는 생각을 하게 되었다. 그래서 피그말리온은 사랑의 여신을 찾아가 기도했다. 사랑의 여신은 그의 사랑에 감동하여 조각품에 생명을 주었다. 피그말리온은 그 여자와 결혼해서 행복하게 살았다고 한다.

심리학에서 말하는 피그말리온 효과는 이 이야기에서 나왔다. 다른 사람들이 나를 믿어 주고 나에게 기대하는 것이 있으면 노력해서 정말로 그렇게 되는 것을 의미한다.

미국의 한 초등학교에서 지능검사를 한 후 결과와 관계없이 20% 정도의 학생을 뽑았다. 그 학생들의 이름을 선생님에게 알려주면서 똑똑해서 성적이 좋아질 가능성이 높은 학생들이라고 말했다. 8개월 후에 지능검사를 다시 했는데 그 학생들이 다른 학생들보다 평균 점수가 높게 나왔다. 또 학교 성적도 아주 좋아졌다. 이것은 그 학생들에 대한 선생님의 기대와 관심이 중요한 원인이 되었기 때문이다. 교사가 학생들에게 기대와 관심을 보여 주면 학생들은 더 열심히 공부하고 더 좋은 학생이 되려고 노력하게 된다.

10 일본과 달리 첨잔을 하면 안된다면서?

본문

아사코 한국 사람들은 술을 참 좋아하는 것같아. 나는 술을 잘 못 마시는데 한국 친구들이 술 한잔하러 가자고 할 때마다 너무 곤란해.

상 우 그래? 한국 사람들은 여러 사람들과 어울리는 걸 좋아하는 편이야. 사람들을 자주 만나다 보면 술을 마실 기회가 많아지고 술을 못 마시던 사람도 마시게 되는 것 같아.

아사코 그렇구나. 술을 좋아해서 마시는 사람도 있지만 사람들과 가까워지려고 술을 마시는 사람도 있겠네.

상 우 그럼, 한국 사람들은 인간관계를 중요하게 생각하거든.

아사코 그 말을 들으니까 이해가 되네. 참, 상우야. 한국에서는 술을 마실 때 일본과 다르게 첨잔을 하면 안된다면서?

상 우 응, 한국에서는 잔에 술이 남아 있으면 술을 따르지 않아. 그리고 어른들께는 두 손으로 술을 따르고 받을 때도 두 손으로 받아야 해.

아사코 한국의 술 문화가 일본과 참 많이 다르구나!

상 우 한국에서 좀 더 지내다 보면 이런 술 문화에도 익숙해질 거야. 아마 다른 나라 학생들도 한국의 술 문화를 잘 모를걸. 우리 그만 이야기하고 술 한잔하러 갈래?

대답하세요

1. 한국 사람들이 술을 좋아하는 이유는 무엇입니까?
2. 한국에서는 술을 마실 때 일본과 어떻게 다릅니까?
3. 한국에서 어른들과 술을 마실 때는 어떻게 해야 합니까?

한잔다하	곤란하다	인간관계	첨잔	따르다	그만
자꾸	예전	모습	습도	별명	사실
그치다	고민하다	얼른			

문법 및 표현

1. 곤란하다

- 곤란한 일이 생길 때마다 부모님이 생각나요.
- 한국에서 살면서 언제 가장 곤란했어요?
- 내가 곤란할 때 나를 도와준 친구를 잊을 수 없어요.
- 늦어서 죄송합니다.
  - 이렇게 자꾸 수업 시간에 늦으면 곤란해요.
-

2. N와/과 다르게[달리]

- 우리 팀이 이길 줄 알았는데 예상과 다르게 졌어요.
- 시험이 작년과 달리 너무 어려워서 시험에 떨어진 사람이 많았습니다.
- 예전과 다르게 고향에 가도 마음이 편하지 않아요. 고향의 모습이 많이 변해서 그런가 봐요.
- 일본에서도 국을 먹을 때 숟가락을 사용합니까?
  - 아니요, 한국과 달리 일본에서는 국을 먹을 때 숟가락을 사용하지 않습니다. 젓가락을 사용합니다.
-

3. A/V-다면서요?, N(이)라면서요?

- 대구의 여름은 습도가 높고 아주 덥다면서요?
- 이 선생님 별명이 '일벌레' 라면서요?
- 10월 9일이 한글날이라면서요?
- 이번 달 전화 요금이 백만 원이나 나왔다면서요? 그게 사실이에요?
- 소영 씨가 미국으로 유학을 간다면서요?
  - 네, 3년 정도 미국에서 공부하고 돌아온대요.
-

4. A-구나, V-는구나

- 여기는 물건 값이 참 비싸구나! 우리 다른 데로 가 보자.
- 한국말을 한국 사람처럼 참 잘하는구나!
- 밖에 비가 너무 많이 오는구나! 비가 그치면 나가야겠다.
- 배 안 고프니? 점심 먹으러 가자.
  - 벌써 점심시간이 되었구나! 일하느라고 시간 가는 줄 몰랐어.
-

5. A/V-(으)ㄹ걸(요)

- 1시에 출발하면 늦을걸요. 지금 출발하는 게 좋겠어요.
- 샤오밍은 어제도 새벽 2시까지 도서관에서 공부했을걸.
- 상우 씨는 지금 집에 없을걸요. 오후에 아르바이트를 해야 한다고 했어요.
- 외국 사람들이 좋아하는 한국 음식이 뭘까요?
  - 비빔밥이 아닐까요? 좀 맵기는 하지만 외국 사람들이 제일 좋아할걸요.
-

6. 그만 V

- 그만 놀고 공부해. 내일이 시험이잖아.
- 제가 그 일을 잘할 수 있을까요?
  - 그만 고민하고 한번 해 보는 게 어때?
- 여러분, 그만 출발합시다. 얼른 버스 타세요.
- 시간이 벌써 이렇게 됐군요. 그만 일어납시다.
-

종합연습

1. 〈보기〉와 같이 대화를 만드세요.

보기

가 : 민수 씨, 지난번에 투이 씨가 소개시켜 준 사람과 결혼한다면서요?

나 : 네, 다음 주에 토요일에 결혼해요. 시간이 되면 꼭 와 주세요.

1) 가 : ______________________________?

나 : 네, 상우 씨가 이틀이나 결석했어요. 바로 연락해 봐야겠어요.

2) 가 : ______________________________?

나 : 네, 팀 씨 여자 친구는 영화배우처럼 예뻐요. 게다가 성격도 좋아요.

3) 가 : ______________________________?

나 : 네, 내일 고향에서 부모님이 오세요. 한 달 동안 한국에 계실 거예요.

4) 가 : ______________________________?

나 : 네, 어릴 때 친하게 지내던 친구를 5년 만에 만났어요.

5) 가 : ______________________________?

나 : 네, 저 사람이 팀 씨 동생이에요. 두 사람이 많이 닮았지요?

6) 가 : ______________________________?

나 : 네, 요즘 회사일이 갑자기 많아져서 아주 바빠요.

7) 가 : ______________________________?

나 : 네, 맞아요. 2급 반에서 한국어를 가르치는 선생님이세요.

8) 가 : ______________________________?

나 : 네, 어제 친구와 같이 그 영화를 봤는데 생각보다 재미있었어요.

9) 가 : ______________________________?

나 : 네, 할 일이 너무 많아서 밥 먹을 시간도 없네요.

2. 〈보기〉와 같이 대화를 만드세요.

보기
가 : 소영 씨 동생도 소영 씨처럼 운동을 잘해요?
나 : 아니요, 제 동생은 저와 다르게 운동을 잘 못해요.

1) 가 : 이번 주말에도 시내에 사람들이 많았어요?
나 : ______________________________.

2) 가 : 한국 음식은 중국 음식과 어떻게 달라요?
나 : ______________________________.

3) 가 : 여러분의 나라에도 생일날에 먹는 특별한 음식이 있나요?
나 : ______________________________.

4) 가 : __________씨 나라에서도 여름에 비가 많이 오나요?
나 : ______________________________.

3. 〈보기〉와 같이 대화를 만드세요.

보기
가 : 어제 백화점에서 3만 원 주고 산 옷인데 어때?
나 : 싸고 예쁘구나!

1) 가 : 우리 엄마 사진인데 나랑 많이 닮았지?
나 : ______________________________.

2) 가 : 저 사람이 지난번에 말한 소영 씨 남자 친구야.
나 : ______________________________.

3) 가 : 이 스파게티 한번 먹어 볼래? 내가 요리책 보고 만든 거야.
나 : ______________________________.

4) 가 : 새로 산 이 휴대 전화 어때? 디자인이 마음에 들어서 샀어.
나 : ______________________________.

4. 〈보기〉와 같이 대화를 완성하세요.

보기 가 : 투이 씨가 몸이 아픈 것 같은데 오늘 수업에 올까요?
나 : 아마 올걸요. 투이 씨는 수업 시간에 결석한 적이 없어요.

1) 가 : 수업이 2시에 시작하니까 10분 후에 출발해도 될까요?
나 : ______________________________.

2) 가 : 어제 오후에 피터 씨에게 전화했는데 안 받던데요.
나 : 밤 9시쯤 전화하면 ______________________________.

3) 가 : 민수 씨가 내일 회사에 일찍 나올까요?
나 : 민수 씨는 항상 일찍 출근하니까 내일도 ____________.

4) 가 : 비행기가 도착했을까요?
나 : 지금 한 시지요? ______________________________.

5. 다음 문법을 이용해서 대화를 완성하세요.

V-다면서요?	V-(으)ㄹ걸요
V-(으)면 곤란하다	N와/과 다르게

1) 가 : 내일 산에 가는데 구두를 신고 가도 괜찮을까요?
나 : ______________________________.
산에 갈 때는 운동화를 신는 게 안전하고 좋아요.

2) 가 : 소영 씨, 상우 씨가 지금 어디에 있는지 알아요?
나 : 수업이 끝났으니까 ______________________________.

3) 가 : 여러분 고향의 날씨는 한국 날씨와 어떻게 다른가요?
나 : ______________________________.

4) 가 : 이번 시험이 끝나고 나서 ______________________________.
나 : 네, 금요일부터 연휴라서 제주도로 여행을 다녀올 거예요.

LEVEL 4

6. 여러분은 언제 곤란했어요? 친구와 이야기해 보세요.

보기 나 : 버스를 탔는데 잔돈이 없을 때 곤란했어요.
친구 : 수업 시간에 선생님의 질문을 이해 못했을 때 곤란했어요.

나	• ____ • ____ • ____
친구	• ____ • ____ • ____

7. 잘 듣고 질문에 대답하세요.

1) 무엇에 대한 대화입니까?
① 명절 풍습
② 명절에 먹는 음식
③ 전통 음식의 종류
④ 전통 음식을 만드는 방법

2) 들은 내용과 같은 것을 고르세요.
① 오세치는 한국의 떡국과 비슷한 음식이다.
② 일본 사람들은 설날 아침에 가족이 함께 국수를 먹는다.
③ 중국 사람들은 만두를 먹으면 건강하게 오래 산다고 생각한다.
④ 나라마다 설날 음식은 다르지만 좋은 일이 생기기를 바라는 마음은 같다.

읽기

♣ 다음을 읽고 물음에 대답하십시오.

한국 사람과 술

한국 사람들은 술을 좋아하는 것으로 유명하다. 한국 성인 남녀 100명에게 언제 처음 술을 마셨는지, 술을 마시는 횟수, 그리고 보통 무슨 요일에 술을 마시는지와 주량에 대해 질문을 하였다.

'언제 처음 술을 마셨습니까?' 라는 질문에 11%의 사람들이 초등학교 때라고 대답했고 중학교 때라고 대답한 사람은 22%, 고등학교 때라고 대답한 사람은 32%였다. 그리고 대학생 때라고 대답한 사람은 23%, 재수할 때라고 대답한 사람은 12%였다.

'보통 일주일에 몇 번 술을 마십니까?' 라는 질문에는 한 번 이하라고 대답한 사람이 28%, 두세 번이라고 대답한 사람은 44%였다. 일주일에 네 번 이상 술을 마신다고 대답한 사람은 14%였으며 일주일에 일곱 번 이상 술을 마신다는 사람도 14%나 되었다.

'보통 무슨 요일에 술을 마십니까?' 라는 질문에는 월요일에 마신다고 대답한 사람이 7%, 화요일에 마신다는 사람은 6%, 수요일에 마신다는 사람은 10%, 목요일에 술을 마신다는 사람은 6%, 금요일에 술을 마신다는 사람은 30%로 수요일에 마시는 사람의 3배였다. 토요일에 주로 마시는 사람은 금요일에 마시는 사람과 비슷하게 32%였고, 일요일에 마시는 사람은 9%였다.

'자신의 주량은 얼마나 됩니까?' 라는 질문에 소주를 기준으로 했을 때 31%가 반병이라고 대답했고 한 병이라고 대답한 사람은 58%였다. 두 병이라고 대답한 사람은 6%, 세 병이라고 대답한 사람은 4%, 세 병 이상이라고 대답한 사람은 1%였다.

조사 결과를 보면 한국 사람들은 성인이 되기 전에 술을 마시기 시작하고 일주일에 두세 번 이상 술을 마시며, 금요일과 토요일에 주로 술을 마시고, 주량은 한 병이 가장 많은 것을 알 수 있다.

LEVEL 4

1. 이 글을 읽고 표에 알맞게 쓰십시오.

언제 처음 술을 마셨습니까?		중학생 때		대학생 때	재수할 때
%	11%		32%	23%	

2. 이 글의 내용과 맞지 않는 것을 고르십시오.

① 사람들은 보통 성인이 된 후 술을 배운다.
② 반 이상이 일주일에 두세 번 이상 술을 마신다.
③ 일주일 중 토요일에 술을 마시는 사람이 가장 많다.
④ 소주를 기준으로 했을 때 주량이 한 병인 사람이 가장 많다.

3. 다음 질문에 친구와 이야기해 봅시다.

1) 언제 처음 술을 마셨습니까?

2) 보통 일주일에 몇 번 술을 마십니까?

3) 보통 무슨 요일에 술을 마십니까?

4) 자신의 주량은 얼마나 됩니까?

성인	횟수	주량	재수하다	소주	기준

쉬어 갑시다

악플

요즘 대부분의 현대인들은 인터넷을 이용하고 있다. 지금 인터넷은 우리 생활에 없어서는 안 될 필수품이 되었다. 인터넷을 통해 우리는 정보검색, 쇼핑, 영화 보기, 음악 듣기, 게임, 채팅 등을 할 수 있다. 그래서 인터넷은 빠르게 우리 생활의 중심이 되었다.

인터넷으로 우리의 생활이 더욱 편리해졌지만 좋은 점만 있는 것은 아니다. 개인 정보가 다른 사람에게 쉽게 알려지고 좋지 않은 인터넷 사이트가 늘어나 청소년들에게 나쁜 영향을 주고 있다. 또한 인터넷 게시판에 쓴 글이 누가 쓴 글인지 알 수 없다는 점을 이용하여 '악플'을 쓰는 사람들도 있다.

'악플'은 다른 사람이 올린 글에 대해서 나쁜 내용의 글을 쓰는 것이다. 글을 쓰는 사람은 재미로 그냥 쓰지만 악플의 대상이 되는 사람은 심한 스트레스를 받고 괴로워한다. 악플 때문에 괴로워하다가 자살한 연예인도 있다. 그래서 요즘 악플은 사회적 문제가 되고 있다.

최근 이러한 인터넷 악플 문제를 해결하기 위해 '인터넷 실명제'가 필요하다는 의견이 많아지고 있다. '인터넷 실명제'는 인터넷에 글을 쓸 때 반드시 자신의 이름을 사용하도록 하는 것이다. 이렇게 하면 사실이 아닌 이야기나 욕설과 같은 나쁜 말들이 줄어들 것이다. 그러나 한편으로는 자유롭게 의견을 표현하는 것을 어렵게 만든다는 문제가 있다.

인터넷이 누구나 자유롭게 의견을 교환하는 공간으로 유지되기 위해서는 인터넷을 사용하는 사람들이 스스로 다른 사람들에 대한 예의를 지켜야 할 것이다. 모르는 사람을 대상으로 글을 쓸 때 내 가족이 '그 사람'일 수도 있다는 생각을 한다면 좀 더 조심해서 글을 쓰게 되지 않을까?

11

본문

제니퍼 동료 중에 한 명이 곧 결혼을 한대요. 그런데 만난 지 두 달밖에 안 됐다고 하더라고요. 어떻게 결혼을 결심하는 데 두 달밖에 안 걸릴 수가 있죠?

상 우 선을 봐서 결혼하면 그럴 수도 있어요. 만난 지 몇 주 만에 결혼하는 사람도 있는걸요.

제니퍼 선은 어떻게 보게 되나요?

상 우 예전에는 친척이나 이웃 사람들이 소개해 줬는데 요즘은 결혼정보회사를 통해서 소개 받기도 해요.

제니퍼 결혼정보회사요?

상 우 네, 결혼을 하고 싶어하는 사람들이 그 회사에 회원으로 가입을 하면 커플 매니저가 어울릴 것 같은 사람을 소개해 줘요.

제니퍼 회사를 통해서 결혼할 사람을 찾는다는 게 말이 돼요? 정말 이해가 안되네요.

상 우 결혼은 하고 싶은데 애인이 없는 사람들이 결혼 상대자를 찾는 데에는 좋을 것 같아요.

제니퍼 하지만 회사를 통해서 사람을 만나면 다른 것보다 외모나 조건을 먼저 생각하게 될 것 같아요.

상 우 그럴 수도 있을 거예요. 그렇지만 연애결혼을 하든 중매결혼을 하든 결혼해서 행복하게 사는 게 더 중요하지 않을까요?

대답하세요

① 요즘 선을 보는 방법이 예전과 어떻게 다릅니까?
② 결혼정보회사를 통해서 사람을 만날 때 좋은 점과 나쁜 점은 무엇입니까?
③ 상우는 결혼에서 무엇을 중요하게 생각하고 있습니까?

동료	곧	선	결혼정보회사	등록	회원
커플	매니저	애인	상대자	외모	연애결혼
중매결혼	신입	관객	추위	심하다	이상형

문법 및 표현

1. 곧

- 조금만 더 기다려 보세요. 연락이 곧 올 거예요.
- 신입 회원들은 이제 곧 다른 회원들 앞에서 자기소개를 해야 한다.
- 곧 공연을 시작합니다. 관객 여러분은 자리에 앉아 주시기 바랍니다.
- 봄인데 왜 이렇게 추운지 모르겠어.
  – 이번 추위는 오래가지 않을 거야. 곧 따뜻해진다고 들었어.
-

2. A/V-더라고요

- 아침에 티누 씨를 만났는데 감기가 심하더라고요.
- 지난주에 설악산에 갔는데 경치가 참 좋더라고요.
- 소영 씨가 배가 많이 고팠나 봐요. 밥을 세 그릇이나 먹더라고요.
- 제니퍼 씨가 어디 있는지 알아요?
  – 아까 극장에서 봤어요. 친구랑 영화를 보러 왔더라고요.
-

3. 선을 보다

• 선을 봐서 이상형을 만나기는 쉽지 않다.
• 요즘은 결혼정보회사를 통해서 선을 보는 사람들이 많다.
• 어제 선본 사람은 어땠어?
  – 아직 잘 모르겠어. 그래서 이번 주말에 한 번 더 만나 보려고 해.
•

4. A/V-(으)ㄴ/는걸(요)

• 방학이지만 도서관 문은 여는걸요.
• 저 길보다는 이 길로 가는 게 더 빠른걸.
• 왜 더 안 먹어요?
  – 많이 먹은걸요.
• 퇴근 안 하세요?
  – 저는 아직 해야 할 일이 많은걸요. 먼저 가세요.
•

5. A/V-다/자/냐/라는 게 말이 돼(요)? N(이)라는 게 말이 돼(요)?

• 수업 시간에 잔다는 게 말이 돼요?
• 커피 한 잔에 만 원이라는 게 말이 돼요?
• 요리 학원에 등록해 놓고 한 번도 안 갔다는 게 말이 돼?
• 배고픈데 빵이나 먹으러 갈까?
  – 벌써 배고프다는 게 말이 돼? 밥 먹은 지 한 시간밖에 안 됐잖아.
•

6. A/V-든 A/V-든, N(이)든 N(이)든

• 노래든 춤이든 자신 있는 것을 보여 주세요.
• 날씨가 좋든 나쁘든 이번 여행은 꼭 가야 해요.
• 나는 김치찌개를 먹든 된장찌개를 먹든 다 괜찮아.
• 산에 가서 등산을 하든 바다에 가서 수영을 하든 네가 원하는 데로 가자.
•

종합연습

1. 알맞은 단어를 골라 문장에 맞게 쓰세요.

커플	등록	관객	곧	동료
추위	상대자	선	예전	이상형

1) 요즘 결혼정보회사를 통해 결혼 __________을/를 만나는 일이 많아졌다.

2) 어제 길을 가다가 고등학교 때 친구를 만났는데 오랜 시간이 지났는데도 __________ 모습이 얼굴에 남아 있어서 아주 반가웠다.

3) 우리 학교 스포츠센터에서 운동을 하고 싶으면 매달 마지막 주 금요일까지 __________을/를 해야 한다.

4) 이번 __________만 지나면 따뜻해질 거야. 그러면 우리 꽃구경 가자.

5) 건너편 자리에는 대학생처럼 보이는 남녀 __________이/가 앉아 맥주를 마시고 있었다.

6) 쓰레기를 지금처럼 여기저기 마음대로 버리면 지구에는 __________ 쓰레기만 쌓이게 될지도 모른다.

7) '회사에서 당신을 가장 힘들게 하는 일은 무엇입니까?' 라는 질문에 70% 이상이 '직장 __________와/과의 관계' 라고 대답했다.

8) 올림픽에서 한국 야구가 우승을 한 후 야구를 보러 가는 __________이/가 점점 늘고 있다고 한다.

9) 그 사람은 내 __________에 가장 가까운 사람이었지만 그에게는 이미 애인이 있었다.

10) 언니는 이웃 사람의 소개로 __________을/를 보게 되었고, 세 번째 만남에서 그 사람과 결혼하기로 결심했다.

LEVEL 4

2. 〈보기〉와 같이 대화를 만드세요.

보기 가 : 왜 구두를 바꾸려고 해요?
나 : 발이 불편하더라고요.

1) 가 : 왜 이번 휴가에도 제주도에 가려고 해요?
나 : ______________________________.

2) 가 : 매운 음식을 잘 못 먹으면서 왜 비빔냉면을 먹자고 해?
나 : ______________________________.

3) 가 : 어렵다고 하면서 왜 계속 한국어를 공부해요?
나 : ______________________________.

4) 가 : 시장에 다른 과일도 많은데 왜 항상 사과만 사요?
나 : ______________________________.

3. 〈보기〉와 같이 대화를 만드세요.

보기 가 : 점심시간인데 밥 안 먹어요?
나 : 벌써 먹은걸요.

1) 가 : 수업이 있는 날인데 왜 학교에 안 갔어?
나 : ______________________________.

2) 가 : 너는 외국인잔치한마당에서 아무 것도 안 해?
나 : ______________________________.

3) 가 : 시간이 많이 늦었는데 왜 아직 집에 안 갔어요?
나 : ______________________________.

4) 가 : 감기가 심하다는 이야기를 들었는데 이렇게 밖에 나와도 괜찮아요?
나 : ______________________________.

4. 〈보기〉와 같이 대화를 만드세요.

보기 가 : 결혼 축하 공연으로 무엇이 좋을까요?
나 : 춤을 추든 노래를 부르든 다 괜찮을 것 같아요.

1) 가 : 어디로 휴가를 가면 좋을까요?
나 : ____.

2) 가 : 한국에서는 집들이 선물로 무엇을 사 가는 게 좋아요?
나 : ____.

3) 가 : 점심으로 뭐 먹을래? 내가 한턱낼게.
나 : ____.

4) 가 : 주말에 만나서 쇼핑할까? 영화 볼까?
나 : ____.

5. 다음 문법을 이용해서 대화를 완성하세요.

보기 A/V-다/자/냐/라는 게 말이 돼요? A/V-더라고요
A/V-(으)ㄴ/는 걸요 A/V-든 A/V-든

1) 가 : 오늘 저녁 때 우리 한잔할까요?
나 : ____.

2) 가 : 이번 시험이 끝나면 우리 뭐 할까?
나 : ____.

3) 가 : 도서관에 자리가 많은데 왜 그 자리에만 앉아요?
나 : ____.

4) 가 : 오늘은 왜 운동하러 안 갔어요?
나 : ____.

6. 잘 듣고 물음에 답하세요.

1) 이윤정 씨의 직업은 무엇입니까?

2) 이윤정 씨는 결혼을 결심하는 데 가장 중요한 것이 무엇이라고 생각합니까?

① 성격 ② 마음 ③ 능력 ④ 선물

3) 다음 중 들은 내용과 다른 것을 고르십시오.

① 이윤정 씨는 자신이 하는 일을 좋아한다.

② 이윤정 씨가 소개해 준 회원은 100명이다.

③ 요즈음 결혼정보회사를 통해 결혼하는 사람들이 많다.

④ 결혼 상대자의 조건만 중요하게 생각하는 회원들도 있다.

7. 여러분의 이상형은 어떤 사람입니까? 아래의 표에서 찾아보고 친구들과 이야기해 보세요.

□ 똑똑하다	□ 예쁘다/잘생겼다	□ 돈이 많다
□ 귀엽다	□ 머리가 길다	□ 안경을 쓴다
□ 직업이 좋다	□ 착하다	□ 재미있다
□ 친절하다	□ 마음이 넓다	□ 옷을 잘 입는다
□ 키가 크다	□ 운동을 잘한다	□ 조용하다

읽기

♣ 다음 글을 읽고 질문에 대답하십시오.

동아리 신입 회원 모집

- 신청 기간 : 3월 17일 금요일 오후 6시까지
- 신청 장소 : 학생회관 동아리 방

푸른 산

산을 좋아하세요? 한국의 산은 봄, 여름, 가을, 겨울, 계절마다 ㉠옷을 바꿔 입습니다. '푸른 산'은 아름다운 한국의 산을 함께 오르는 동아리입니다. 한 달에 두 번 등산을 하고 매주 모임을 가집니다. 맑은 공기와 산을 좋아하는 학생들은 누구든지 환영합니다. 여러분의 소중한 대학 생활을 '푸른 산'과 함께 해 보세요.

▶ 신청 장소 : 학생회관 302호

스쿼시 사랑

'스쿼시 사랑'에 오면 스쿼시도 배우고 함께 경기도 할 수 있습니다. 매주 토요일에 만나서 스쿼시를 연습하고 일 년에 세 번 다른 대학 동아리와 경기도 합니다. 초보자들도 환영합니다. 스쿼시의 재미에 한번 빠져 보세요.

▶ 신청 장소 : 학생회관 208호

영화 마니아

좋은 영화를 함께 보고 토론하고 싶은 학생들은 '영화 마니아'로 오세요. 매주 금요일 저녁에 영화를 보러 가고 토요일에는 영화에 대해서 토론을 합니다. 좋은 영화나 영화 제작 방법에 대해 소개도 해 드립니다. 일 년에 두 번 학교 축제 때에는 학우들에게 영화도 보여 주고 영화 소개도 합니다. 재미있고 좋은 영화를 함께 보고 이야기를 나누면 재미와 감동이 두 배가 됩니다.

▶ 신청 장소 : 학생회관 202호

1. 무엇에 대한 글입니까?

① 동아리 회원 소개
② 동아리 신청 장소
③ 동아리 신청 기간
④ 동아리 회원 모집

2. 글의 내용과 같은 것을 고르십시오.

① 신청 장소는 동아리마다 다르다.
② '영화 마니아'는 일주일에 한 번 모인다.
③ '푸른 산' 회원들은 한 달에 두 번 만난다.
④ '스쿼시 사랑' 에 가입하려면 스쿼시를 칠 줄 알아야 한다.

3. 이 글에서 ㉠이 말하는 것은 무엇입니까?

① 계절마다 사람들이 가는 산이 다르다.
② 계절마다 등산하는 사람의 수가 다르다.
③ 계절이 바뀌면 산에 있는 나무들의 색깔도 바뀐다.
④ 계절이 바뀌면 등산하는 사람들의 옷 색깔도 바뀐다.

스쿼시	초보자	빠지다	마니아	제작
학우	배			

쉬어 갑시다

에밀레종

국립경주박물관에 있는 성덕대왕신종은 현재 남아 있는 종 중에서 가장 큰 종이다. '에밀레종'이라고 불리는 이 종에는 슬픈 전설이 있다.

신라시대의 경덕왕은 나라의 안정을 위해서 봉덕사에 큰 종을 만들게 했다. 아주 긴 시간이 걸려서 종이 완성되자 종 소리를 들으려고 많은 사람들이 봉덕사를 찾아왔다. 그러나 종을 쳐 봐도 종에서는 아무 소리가 나지 않았다. 이것을 본 경덕왕은 많은 사람들의 정성을 모아 종을 다시 만들라고 했다. 그날 이후로 스님들은 전국을 돌아다니면서 시주를 받기 시작했다. 그러는 동안 경덕왕은 죽었지만 종 만드는 일은 계속되었다.

어느 날 봉덕사 스님 한 분이 꿈을 꾸었는데 꿈에서 부처님의 목소리를 들었다. "며칠 전에 시주를 받으러 갔다가 그냥 돌아온 집에 가서 아이를 데려오너라. 종을 만들 때 그 아이를 넣어야 소리가 날 것이다." 잠에서 깬 스님은 잠시 생각을 했다. '그 아이라면 가난해서 시주할 게 아무것도 없다고 했던 그 집 아이를 말하는 거구나.' 아침이 되자 스님은 그 집으로 찾아가서 아이의 부모에게 꿈 이야기를 해 주었다. 이야기를 들은 아이의 어머니는 무척 슬퍼했지만 스님과 함께 아이를 봉덕사로 보냈다.

스님은 아이를 넣어 종을 다시 만들었다. 종이 완성된 후 많은 사람들이 종소리를 들으려고 봉덕사로 왔다. 스님은 사람들 앞에서 힘껏 종을 쳤다. 종에서는 지금까지 들어 보지 못한 맑고 아름다운 소리가 났다. 그런데 종소리에는 '에밀레' 하는 아이의 울음소리가 섞여 있었다. 그것은 아이가 어머니를 부르며 우는 것 같은 소리였다. 그래서 사람들은 이 종을 '에밀레종'이라고 부르기 시작했다.

본문

내가 한국에 온 지 며칠 안 되었을 때의 일이다. 그때 나는 빨리 한국 사람만큼 한국말을 잘하고 싶어서 수업 후에도 빈 강의실에 남아 늦게까지 공부를 했다. 그러나 나는 겨우 몇 마디만 할 수 있을 뿐이었다.

그날도 나는 혼자 강의실에서 공부를 하고 있었다. 그런데 갑자기 한 여학생이 강의실로 들어와 나에게 말을 걸었다. 원래 한국말을 못하는 데다가 당황해서 나는 한마디도 알아들을 수 없었다. 그 여학생은 내가 외국인이라는 것을 알고 아주 천천히 여러 번 말을 했다. 나는 여학생의 상냥한 미소를 보며 '나하고 같이 공부하고 싶다는 말이 아닐까?' 하고 생각했다. 그 여학생은 한참 동안 애를 써도 소용없자 공책에 한국어 문장을 써서 나에게 보여 주었다. 나는 사전에서 모르는 단어를 찾으면서 그 문장을 읽었다. 잠시 후 나는 조용히 강의실을 나갔다. 그 문장은 "여기 수업 있어요. 빨리 나가 주세요."였다.

지금도 그 강의실을 지날 때마다 그 일이 생각난다. 그때는 하도 창피해서 아무한테도 그 이야기를 못했다. 그러나 이제는 웃으면서 이야기할 수 있는 즐거운 추억이 되었다.

대답하세요

① '나'는 왜 빈 강의실에 있었습니까?

② '나'는 처음에 여학생이 하는 말을 뭐라고 생각했습니까?

③ 여학생이 '나'에게 말을 건 이유는 무엇입니까?

만큼	강의실	겨우	마디	뿐	원래
걸다	알아듣다	상냥하다	한참	애	문장
조용히	생각나다	하도	창피하다	차갑다	자연스럽다

문법 및 표현

1. N만큼

- 나에게는 친구도 가족만큼 소중하다.
- 내 집만큼 편한 곳은 없는 것 같아요.
- 성공하기 위해서는 노력만큼 운도 있어야 해요.
- 너는 나를 얼마만큼 사랑해?
  - 하늘만큼 땅만큼.
-

2. 겨우

- 민수 씨는 일을 시작한 지 겨우 한 달밖에 되지 않았다.
- 아기가 이제 겨우 두 살인데 벌써부터 영어를 가르치겠다고요?
- 눈이 나빠서 안경을 벗으면 겨우 30cm 앞에 있는 것도 잘 안 보여요.
- 수업 시간에 왜 자꾸 시계를 보니?
  - 한 시간은 지난 것 같은데 겨우 10분밖에 안 지났네.
-

LEVEL 4

3. V-(으)ㄹ 뿐이다, N일 뿐이다

- 겨우 네 개 틀렸을 뿐인데 너무 실망하지 마세요.
- 그 옷이 마음에 들지만 사지는 못하고 구경만 할 뿐입니다.
- 드라마에서 주인공이 호텔 전체를 빌려서 결혼식 하는 걸 봤어.
  - 드라마는 드라마일 뿐이야. 진짜 그런 일이 있다고 생각해?
-

4. 말을 걸다

- 전화하기가 부끄러우면 문자로 먼저 말을 걸어 보세요.
- 그분은 너무 차가워 보여서 처음에는 말을 걸기가 힘들었다.
- 나랑 같은 수업을 듣는 여학생이 있는데 친해지고 싶어. 자연스럽게 말을 걸 수 있는 방법이 없을까?
-

5. 애를 쓰다

- 아무리 단어를 외우려고 애를 써도 잘 외워지지 않아요.
- 철수 씨는 그 많은 일을 혼자 다 하려고 애를 쓰다가 병이 났대요.
- 이 표는 매진되어서 더 이상 살 수 없다고 들었는데 어떻게 구했어요?
  - 이걸 구하려고 얼마나 애를 썼는데요.
-

6. A/V-(으)ㄹ 때마다

- 나는 스트레스를 받을 때마다 초콜릿과 같은 단 음식을 먹는다.
- 힘들고 어려울 때마다 옆에서 도와주는 친구가 있어서 행복하다.
- 요즘 걸을 때마다 허리가 좀 아픈데 왜 그렇지요?
  - 신발이 불편하면 그럴 수도 있어요.
-

7. 하도 A/V-아서/어서

- 꽃을 하도 좋아해서 봄이면 주말마다 꽃구경을 가요.
- 전화를 하도 많이 해서 이번 달 전화 요금이 50만 원이나 나왔다.
- 그 뮤지컬이 하도 좋다고 해서 봤는데 기대했던 것보다 좋았어요.
-

종합연습

1. 알맞은 단어를 골라 문장에 맞게 쓰세요.

말을 걸다	애를 쓰다	생각나다	알아듣다

1) 가 : 아기가 말을 하기 시작했지요?
   나 : 네, 그런데 무슨 말을 하는지 못 ____________.

2) 가 : 잡채를 만들려면 뭐가 필요한지 아세요?
   나 : 잘 몰라요. 그냥 ____________는 대로 말해 줄게요.

3) 가 : 준영 씨에게 영화 보자고 하니까 갑자기 화를 내더라.
   나 : 글을 쓰느라고 집중하고 있는데 ____________(으)니까 그렇지.

4) 가 : 김 선생님은 아픈 아내를 돌보기 위해 병원에서 출퇴근하신대요.
   나 : 남편이 그렇게 ____________는데 빨리 나았으면 좋겠네요.

2. 〈보기〉와 같이 대화를 만드세요.

보기
가 : 요즘 가수들 중에서 이민수가 노래를 제일 잘하지?
나 : 나는 장동우도 이민수만큼 잘한다고 생각해.

1) 가 : 행복한 결혼 생활에는 사랑이 정말 중요하지요?
   나 : ____.

2) 가 : 발표를 잘하려면 무엇보다 한국어 실력이 좋아야 해.
   나 : ____.

3) 가 : 지난 여름은 참 더웠지요?
   나 : ____.

4) 가 : 스트레스를 푸는 데에는 여행이 제일 좋은 것 같아.
   나 : ____.

3. 〈보기〉와 같이 대화를 만드세요.

보기 가 : 민수 씨와 사귀어요? (친구이다)
나 : 아니요, 민수 씨는 그냥 친구일 뿐이에요.

1) 가 : 이 휴대전화 어때요? 기능이 좋아요? (디자인만 마음에 들다)
나 : ______________________________.

2) 가 : 휴가 때 뭐 했어요? (집에서 쉬다)
나 : ______________________________.

3) 가 : 유리 씨를 잘 알아요? (한 번 인사하다)
나 : ______________________________.

4) 가 : 술 많이 마셨어요? 얼굴이 빨개요. (한 잔만 마시다)
나 : ______________________________.

4. 〈보기〉와 같이 대화를 만드세요.

보기 가 : 감기 걸린 아이에게 아이스크림을 주면 어떡해요?
나 : 아이가 하도 먹고 싶다고 해서요.

1) 가 : 자기 일도 덜 하고 친구 일을 해 주고 있으면 어떡해?
나 : ______________________________.

2) 가 : 소영 씨, 술도 못 마시는데 소주를 두 병이나 마셨어요?
나 : ______________________________.

3) 가 : 김 선생님, 그 책을 벌써 다 읽으셨어요?
나 : ______________________________.

4) 가 : 제니퍼 씨, 지우개에다가 이름을 써 두었네요.
나 : ______________________________.

5. 다음 문법을 이용해서 대화를 완성하세요.

A/V-(으)ㄹ 때마다	하도 A/V-아서/어서
V-(으)ㄹ 뿐이다	N만큼

1) 가 : 이번 문법 시험 어렵지 않았어?
   나 : 글쎄, 나에게는 읽기 시험이 정말 어려웠어. 문법은 ____________ 어렵지는 않았어.

2) 가 : 카드로 물건을 ____________ 휴대전화로 문자가 오니까 참 편해요.
   나 : 네, 맞아요. 요즘은 휴대전화로 많은 것을 할 수 있어요.

3) 가 : 지우 씨, 지금 부르는 노래가 뭔가요?
   나 : 어릴 때 자주 부르던 노래예요. 고향 생각이 ____________ 저는 이 노래를 불러요.

4) 가 : 왜 이렇게 수업을 늦게 마치셨어요?
   나 : 학생들 질문이 ____________ 다 대답해 주고 오느라고요.

5) 가 : 나도 ____________ 훌륭한 사람이 되고 싶어요.
   나 : 저도 그래요. 김 교수님은 정말 대단하신 분이세요.

6) 가 : 이걸 직접 만들었어요? 어디에서 배웠어요?
   나 : 배운 게 아니에요. 책을 보고 ________________________.

7) 가 : 이 많은 음식을 혼자 모두 만들었어요?
   나 : 아니에요, 저는 재료만 ____________. 요리는 수진 씨가 다 했어요.

8) 가 : 중국의 만리장성을 걸어서 구경하는 데 얼마나 걸려요?
   나 : ____.

6. 친구들과 함께 이야기해 봅시다.

1) 여러분이 한 실수 중에 가장 큰 실수는 무엇이었습니까?
가장 부끄러웠던 실수는 무엇이었습니까?

2) 한국 문화와 여러분 나라의 문화가 달라서 실수한 적이 있습니까?
한국말을 잘 몰라서 실수한 적이 있습니까?

7. 잘 듣고 물음에 답하세요.

1) 아저씨는 왜 '나'의 가방을 잡았습니까?
① 가방이 필요해서 ② 가방을 가져가려고
③ 가방을 구경하려고 ④ 가방을 받아 주려고

2) 들은 내용과 같은 것을 고르십시오.
① 나는 버스를 잘못 탄 적이 있다.
② 나는 버스 안에서 나쁜 사람을 만났다.
③ 나는 가방을 잃어버렸지만 금방 찾았다.
④ 나는 아저씨가 갑자기 가방을 잡아서 놀랐다.

읽기

♣ 다음 글을 읽고 질문에 대답하십시오.

○ 이야기 1

1941년 유럽에서 큰 전쟁이 일어나서 많은 젊은이들이 전쟁터에 나갔다. 비알 부인의 아들도 전쟁에 참가하여 싸우고 있었다. 비알 부인은 군인들을 위해 수백 개의 케이크를 만들어 보내기로 했다. 케이크를 다 만들었을 때, 비알 부인은 결혼반지가 없어진 것을 알았다. 틀림없이 케이크 중의 하나에 들어간 것이었다. 그러나 비알 부인은 반지를 찾기 위해서 모든 케이크를 잘라 보고 싶지는 않았다. 그 대신 비알 부인은 반지를 찾아 달라고 하는 편지를 써서 케이크와 함께 보냈다. 어느 날 한 군인이 그 반지를 보냈다. 그 반지를 찾은 군인은 누구였을까? 바로 비알 부인의 아들이었다.

○ 이야기 2

작은 마을에 뚱뚱한 부인이 있었다. 그 부인은 살을 빼고 싶어서 유명한 여자 모델 사진을 냉장고 앞에 붙여 놓았다. 그것을 보면 자신의 목표를 계속 생각하게 될 것이고 음식을 먹지 않을 거라고 생각했다. 부인은 음식이 먹고 싶을 때마다 모델의 사진을 보면서 물만 마셨다. 그렇게 해서 그 부인은 계획대로 15kg을 뺐다. 그러나 그녀의 남편은 오히려 (㉠   ). 왜냐하면 그 사진을 보고 싶어서 냉장고 앞으로 너무 자주 갔기 때문이다.

○ 이야기 3

어느 작은 도시에서 연극을 공연하고 있었다. 그 연극에는 주인공이 강으로 뛰어드는 장면이 있었다. ①그래서 주인공이 뛰어내렸는데 물소리 대신 '쿵' 하는 소리가 났다. 그리고 무대가 조용해졌다. ②주인공이 무대 뒤로 뛰어내리면 무대 뒤의 한 사람이 '첨벙' 하는 소리를 내기로 했었다. ③어느 날 밤 공연에서 무대 뒤의 한 사람이 소리 내는 것을 잊어버린 것이었다. ④잠시 후에 주인공의 작은 목소리가 들렸다. "강물이 얼었군!"

1. '이야기 1' 을 읽고 (   )에 알맞은 단어를 쓰십시오.

비알 부인은 (   )에 수백 개의 케이크를 만들어 보냈다. 그 중에는 (   )이/가 들어있는 케이크가 하나 있었다. 그 (   )을/를 찾은 사람은 (   )이었다.

2. '이야기 2' 에서 ㉠에 들어갈 말을 써 보십시오.

____

3. '이야기 3' 을 순서에 맞게 배열하고 번호를 쓰십시오.

(②) → (   ) → (   ) → (   )

젊은이	전쟁터	부인	군인	수백
결혼반지	목표	뛰어들다	쿵	첨벙
잠시	강물	얼다		

쉬어 갑시다

실수를 통한 발견

○ 콘 플레이크

1897년 미국, 윌 키스 켈로그(Will keith Kellogg)는 식사 준비를 위해 밀가루를 반죽하다가 반죽을 불 위에 놓고 잊어버렸다. 딱딱해진 밀가루 반죽을 그냥 버릴 수가 없어서 기름에 튀겨 보았는데 아주 맛있었다. 이것은 다른 사람의 입맛에도 잘 맞아 아침 식사로 우유와 함께 먹는 콘플레이크가 되었다. 요즘은 다양한 맛과 모양으로 만들어져 전 세계 사람들에게 사랑을 받고 있다.

○ 청바지

모든 사람들이 좋아하는 청바지는 원래 천막 천으로 만들어졌다. 이 청바지를 처음 만든 사람은 천막 천을 만들어 팔던 스트라우스이다.

스트라우스는 어느 날 군대에서 사용할 천막 천을 만들어 달라는 주문을 받았다. 주문 양이 너무 많아서 스트라우스는 다른 사람의 돈을 빌려서 천막 천을 만들었다. 그런데 염색을 잘못해서 군대에서 원하던 색깔이 아닌 파란색 천이 되어 군대에 팔 수 없게 되었다. 다른 사람들에게 싼 값에 팔아 보려고 했지만 아무도 사지 않았다. 스트라우스는 크게 실망하여 공장 문을 닫고 매일 술집에서 술을 마시면서 시간을 보냈다. 그러던 어느 날 스트라우스는 술을 마시다가 옆에 앉은 광부가 바지를 깁고 있는 것을 보았다.

'힘든 일을 하는 광부에게는 더 질기고 튼튼한 천으로 만든 바지가 필요할 텐데…….'

그때 스트라우스는 자신의 공장에 있는 파란색 천막 천이 생각났다.

'세상에서 가장 질긴 옷. 그래 내 천막 천으로 바지를 만든다면 광부가 바지를 깁는 일은 없어질 거야.'

스트라우스는 당장 공장으로 달려가 염색을 잘못해서 못 쓰게 된 파란색 천막 천으로 바지를 만들었고 이름을 블루진이라고 했다. 이렇게 해서 세계 모든 사람들이 즐겨 입는 청바지가 만들어지게 된 것이다.

13

본문

소영 피터 씨, 지난주에 한옥 마을에 갔다 왔다면서요? 어땠어요?

피터 고향에서 온 친구와 함께 갔었는데 아주 좋았어요. 한옥은 자연과 잘 어울리는 것 같아요.

소영 맞아요. 제 할머니 댁도 한옥인데 주변 경치와 아주 잘 어울려요. 한옥에서 지내기가 좀 불편했을 텐데 괜찮았어요?

피터 네, 불편하기는 했지만 특별한 경험이었어요. 무엇보다 신기했던 건 방바닥이 따뜻한 온돌이라는 것이었어요. 처음에는 좀 이상하고 불편했는데 익숙해지니까 따뜻한 방에 누워 있는 것이 좋아서 일어나기 싫어지더군요. 그런데 한옥은 화장실이 너무 불편한 것 같아요.

소영 그렇지요? 화장실에 가려면 신발을 신고 밖으로 나가야 하니까 불편해요.

피터 나는 밤중에 화장실에 가게 될까 봐 먹고 싶은 것도 제대로 못 먹었어요.

소영 하하하. 나도 우리 할머니 댁에 가면 그래요.

피터 화장실만 빼고 다른 것은 다 좋았어요. 특히 아주머니께서 정이 많으셔서 우리를 가족처럼 대해 주셨어요.

대답하세요

① 피터는 어디에 갔다 왔습니까?

② 피터가 신기했던 것은 무엇이었습니까?

③ 피터는 무엇이 가장 불편했습니까?

한옥	신기하다	방바닥	눕다	밤중
빼다	정	대하다	자막	표지판
장마철	부딪치다	다행히	체육	책꽂이

문법 및 표현

1. A/V-기는 하지만[하겠지만, 했지만], A/V-기는 A/V-지만

- 그 영화에 자막이 있기는 했지만 이해하기는 어려웠어요.
- 표지판이 있기는 있지만 그것만 보고 길 찾기는 힘들어요.
- 그 아이는 똑똑하기는 하지만 별로 노력을 하지 않아서 성적이 나빠요.
- 출장 갔다 와서 피곤할 텐데 벌써 출근했어요?
  - 피곤하기는 하지만 일이 많아서 일찍 출근했어요.
-

2. 무엇보다, 누구보다, 어디보다

- 나는 어디보다 우리 집이 제일 편해요.
- 무엇보다 입학시험이 제일 걱정이에요.
- 저는 제 아버지가 누구보다 훌륭하신 분이라고 생각합니다.
- 요즘 건강이 좀 나빠진 것 같아. 내일부터 운동 좀 해야겠어.
  - 운동도 좋지만 넌 무엇보다 담배부터 끊어야 해.
-

3. A/V-더군요

- 제가 없는 동안 고향이 많이 변했더군요.
- 한국의 장마철에는 비가 정말 많이 오더군요.
- 아침에 동생이 자전거와 부딪쳤는데 다행히 안 다쳤더군요.
- 최 선생님이 무서운 분인 줄 알았는데 이야기해 보니까 아주 재미있는 분이더군요.
-

4. A/V-(으)ㄹ까 봐

- 체육대회 하는 날에 비가 올까 봐 걱정이에요.
- 여행하는 동안 혹시 아기가 아플까 봐 약을 준비했어요.
- 음식이 모자랄까 봐 걱정했는데 손님이 적게 와서 오히려 남았어요.
- 오늘 왜 이렇게 일찍 나가요?
  – 길이 막혀서 약속 시간에 늦을까 봐 그래요.
-

5. N을/를 빼다

- 5에서 3을 빼면 2예요.
- 가방이 무거워서 우산을 빼 놓고 왔는데 비가 많이 오네요.
- 어른들께 인사를 할 때에는 주머니에서 손을 빼고 인사해야 해요.
- 책꽂이에 있는 소설책 좀 빼 주세요.
  – 이 책 말이에요?
-

6. 대하다

- 학생들은 김 선생님을 엄마처럼 대해요.
- 가게 점원들은 손님에게 친절하게 대해야 해요.
- 우리 반 학생들은 모두 나를 가족처럼 잘 대해 줘요.
- 하숙집 아주머니는 우리를 모두 아들처럼 대해 주신다.
-

종합연습

1. 알맞은 단어를 골라 문장에 맞게 쓰세요.

부딪치다	신기하다	빼다	대하다

1) 가 : 어제 노트북을 사러 갔는데 가게 직원들이 정말 친절하더군요.
   나 : 맞아요. 요즘은 가게에서 손님을 왕처럼 ______________.

2) 가 : 팀 씨, 컴퓨터에 있는 CD를 좀 ______________ 주세요.
   나 : 네, 알겠어요.

3) 가 : 학교에 오다가 팀 씨를 닮은 사람을 봤어요.
   나 : 정말 ______________. 저도 어제 시내에서 팀 씨를 닮은 사람을 봤어요.

4) 가 : 제니퍼 씨, 다리 아파요? 왜 그렇게 걸어요?
   나 : 전화를 받으려고 급하게 나가다가 책상에 ______________.

2. 〈보기〉와 같이 대화를 만드세요.

> 보기
> 가 : 왜 이렇게 힘들어해요?
> 나 : 수업 시간에 늦을까 봐 빨리 뛰어왔어요.

1) 가 : 면접 때 왜 그렇게 긴장했어요?
   나 : ______________________________.

2) 가 : 왜 이렇게 일찍 자려고 해요?
   나 : ______________________________.

3) 가 : 왜 요즘 저녁을 잘 안 먹어요?
   나 : ______________________________.

4) 가 : 왜 벌써 영화 표를 예매했어요?
   나 : ______________________________.

3. 알맞은 단어를 골라 문장에 맞게 쓰세요.

무엇보다	누구보다	어디보다

1) 그 선수는 ______________ 노력을 많이 하는 선수예요.

2) 경주는 아주 아름다운 도시였다. 경주는 ______________ 한옥이 많은 곳인 것 같았다.

3) 인간관계에서 ______________ 중요한 것은 서로에 대한 믿음이다.

4) 건강한 삶을 원하면 ______________ 일찍 자고 일찍 일어나는 습관을 가지세요.

4. 다음 문법을 이용해서 대화를 완성하세요.

A/V-(으)ㄹ까 봐	N을/를 빼다
A/V-더군요	A/V-기는 하지만

1) 가 : 티누 씨, 왜 햄버거에서 ______________________ 먹어요?
   나 : 저는 양파를 싫어해서 안 먹어요.

2) 가 : 샤오밍 씨, 무슨 걱정이라도 있어요?
   나 : 고향에 계시는 어머니가 편찮으신데 비행기표를 아직 못 샀어요.
   그래서 ____.

3) 가 : 제니퍼 씨, 일본 여행이 어땠어요?
   나 : 제가 생각한 대로 일본은 정말 ______________________________.

4) 가 : 요즘도 그 남자를 계속 만나요?
   나 : 네, ____.

5. 다음 광고를 보고 <보기>처럼 이야기해 보세요.

보기

원 룸

- 위 치 : 대학교 정문 앞
- 크 기 : 20㎡
- 보증금 : 2백만 원
- 월 세 : 25만 원
- 지하철역까지 걸어서 20분 정도

상우 : 티누 씨, 이 방이 마음에 들어요?

티누 : 글쎄요, 싸서 좋기는 하지만 너무 좁은 것 같아요.

뮤지컬 공연	휴대 전화 팝니다
• 날짜 : 1월 24일 (목) • 시간 : 오후 7시 반 ~ 9시 반 • 장소 : 한국극장 • 가격 : A-5만 원, S-8만 원	• 카메라 기능 • 인터넷 사용 가능 • 텔레비전 기능 • 가격 : 36만 원
도서관 아르바이트	**마네킹 이야기**
• 장소 : 문화도서관 • 근무 시간 : 오전 11시 ~ 오후 5시 • 기간 : 8개월 • 급여 : 시급 5천 원	• 공포 영화 • 장소 : 문화극장 • 날짜 : 4월 6일부터 시작 • 예매 가능

6. 친구와 함께 이야기해 보세요.

보기 내 친구는 무엇보다 성격이 좋아요.

1) ______________ 은/는 무엇보다 ______________ .

2) ______________ 은/는 어디보다 ______________ .

3) ______________ 은/는 누구보다 ______________ .

7. 한국과 여러분 나라를 비교해 보세요.

나라	한국	(　　　　　　　)
음식		
집		
전통 의상		

8. 잘 듣고 물음에 답하세요.

1) 이 사람들은 무엇에 대해 이야기합니까?
   ① 한국에 온 후 어려웠던 일
   ② 새로 알게 된 한국의 문화
   ③ 한국과 자기 나라의 다른 점
   ④ 외국인들이 한국에 살면서 좋았던 점

2) 들은 내용과 다른 것을 고르십시오.
   ① 한국은 늦은 시간까지 버스와 지하철이 다닌다.
   ② 한국 영화에는 한국어 자막이 없어서 보기가 어렵다.
   ③ 한국 사람들은 다른 사람과 부딪쳐도 사과를 안 한다.
   ④ 한국에서는 표지판으로 길 찾기가 하늘의 별 따기이다.

읽 기

♣ 다음 글을 읽고 질문에 대답해 보세요.

㉠

____

나라마다 즐겨 하는 선물과 하면 안되는 선물이 있습니다.

중국에서는 절대로 벽시계를 선물로 주지 않습니다. 이것은 중국어의 '벽시계'가 '죽음'이라는 단어의 발음과 같기 때문입니다. '우산'과 '배'의 발음도 '이별'의 발음과 비슷하기 때문에 하지 않는 것이 좋습니다. 그리고 선물을 포장할 때에는 하얀색이나 까만색, 파란색 종이를 사용하면 안됩니다. 이 색깔들은 장례식 때 쓰이는 색깔이기 때문입니다. 하지만 빨간색으로 포장하는 것은 아주 좋습니다.

일본에서는 칼과 하얀색 꽃을 선물하지 않습니다. 칼은 '끝'을 의미하고 하얀색은 '죽음'을 의미하기 때문입니다.

멕시코에서도 일본과 마찬가지로 칼을 선물하지 않습니다. 또 노란색은 '죽음'을 의미하기 때문에 노란색 꽃을 주면 안됩니다. 은은 여행자들이 사는 아주 싼 선물이라고 생각하기 때문에 은으로 만든 물건을 선물하면 별로 좋아하지 않습니다.

프랑스에서 빨간색 장미는 사랑을 의미하므로 애인에게만 선물합니다. 카네이션은 장례식에서 사용하기 때문에 선물하면 안됩니다.

러시아 사람들은 선물을 아주 좋아하고 특별히 선물하면 안되는 것은 없습니다. 하지만 꽃을 선물하려면 홀수로 해야 하는데 짝수의 꽃은 장례식에서 쓰이기 때문입니다.

독일은 하얀색, 까만색, 갈색의 포장지를 사용하지 않습니다. 꽃은 홀수로 선물해야 되지만 13송이를 선물하는 것은 안됩니다. 그리고 꽃을 줄 때는 포장하지 않고 주는 게 좋습니다.

1. ㉠에 들어갈 알맞은 제목을 쓰십시오.

____

2. 각 나라와 관련된 것을 찾아 연결하십시오.

① 중국 •	• 장례식에서 카네이션을 사용한다.
② 독일 •	• 은으로 만든 선물을 별로 안 좋아한다.
③ 프랑스 •	• 단어의 발음 때문에 우산 선물을 안 한다.
④ 멕시코 •	• 꽃을 줄 때 포장하지 않는다.

3. 글의 내용과 맞지 않는 것을 고르십시오.

① 칼을 선물하면 안되는 나라는 일본이다.
② 꽃을 홀수로 선물해야 하는 나라는 러시아이다.
③ 노란색 꽃을 선물하면 안되는 나라는 멕시코이다.
④ 애인에게 카네이션을 선물하는 나라는 프랑스이다.

절대로	벽시계	죽음	장례식	칼
의미하다	멕시코	은	여행자	러시아
홀수	짝수	갈색	포장지	

쉬어 갑시다

알 수 없는 남녀의 심리

남자와 여자는 외모만큼 생각도 달라서 가끔 서로 이해하는 것이 어렵기도 하다. 오해를 만들기도 하는 남녀의 차이를 알면 서로를 이해하는 데 도움이 된다.

남자들은 보통 필요한 것만 이야기하기 때문에 여자들은 남자들이 이기적이고 다른 사람을 이해할 줄 모른다고 생각한다. 반대로 여자는 말할 때 감정 표현을 많이 하기 때문에 남자들은 여자들이 생각이 부족하고 시끄럽다고 생각한다. 그래서 남자들은 '도대체 여자들은 왜 그럴까?'라고 생각하고 여자들은 '남자들은 왜 이것도 이해를 못할까?'라고 생각하게 된다.

남자와 여자는 직장에서 일을 할 때도 차이가 많다. 남자들은 혼자 힘으로 일하기를 원하고 여자들은 다른 사람과 함께 일하기를 좋아한다. 남자는 일을 가장 중요하게 생각하고 여자는 다른 사람과의 관계를 더 중요하게 생각하기 때문이다. 그래서 남자들은 자신이 원하지 않는데 다른 사람이 도와주는 것을 싫어하지만 여자들은 다른 사람을 도와주는 것을 관심의 표현이라고 생각한다.

스트레스를 받았을 때 남자들은 자신을 힘들게 하는 문제를 혼자 조용히 생각해 보려고 하지만 여자들은 다른 사람과 그 문제에 대해 이야기하기를 원한다. 또 스트레스를 푸는 방법에도 차이가 있다. 남자들은 운동을 하거나 다른 일을 하면서 스트레스를 풀지만 여자들은 이야기를 하거나 잠을 자면서 스트레스를 푼다. 스트레스가 쌓였을 때 찾는 음식에도 차이가 있다. 남자들은 주로 친구와 술을 마시려고 하고 여자들은 초콜릿이나 과자 등 단 음식을 먹으면서 스트레스를 줄이려고 한다.

남자와 여자가 이렇게 다른 점이 많은 것은 남녀의 뇌의 모양이 다르기 때문이라고 한다. 그렇기 때문에 서로 어떤 점이 다른지 알고 서로 존중해 주는 것이 필요하다.

14

본문

피터 소영 씨, 무슨 사진이에요?

소영 지난주에 조카 돌잔치를 했거든요. 그때 찍은 거예요.

피터 호텔에서 아이 생일 파티를 해요?

소영 네, 이것저것 준비하려면 번거롭기 때문에 집에서 하는 것보다 호텔이나 식당에서 하는 게 나아요.

피터 그렇군요. 그런데 소영 씨 언니는 왜 울고 있어요?

소영 언니가 결혼한 지 5년 만에 조카를 낳았는데 조카가 너무 아파서 얼마나 걱정을 했는지 몰라요. 아마 그때 일이 생각나서 그랬나 봐요. 저도 그 모습을 보고 코끝이 찡했어요.

피터 그렇군요. 그런데 이 사진은 뭐예요?

소영 돌잡이를 하는 사진이에요. 상에 돈, 실, 연필 등을 올려놓으면 아이가 마음에 드는 것을 잡아요. 돈을 잡으면 자라서 부자가 되고 실을 잡으면 오래 산대요.

피터 그럼 연필을 잡으면 공부를 잘하겠군요. 소영 씨 조카는 뭘 잡았어요?

소영 처음에는 실을 잡더니 금방 놓고 다시 돈을 잡았어요.

피터 하하. 그럼 조카는 부자가 되겠네요.

대답하세요

① 돌잔치를 왜 호텔에서 합니까?
② 언니는 돌잔치 때 왜 울었습니까?
③ 조카는 돌잡이에서 무엇을 잡았습니까?

조카	돌잔치	번거롭다	낳다	코끝
찡하다	돌잡이	상	실	올려놓다
자라다	인터넷뱅킹			

문법 및 표현

1. 번거롭다

- 매일 은행에 가는 일이 번거로워서 인터넷뱅킹을 신청했어요.
- 홈쇼핑을 이용하면 번거롭게 백화점에 가지 않아도 되니까 좋아요.
- 지하철을 두 번이나 갈아타야 하니까 너무 번거롭지요?
  - 그래도 버스보다 편해요.
-

2. A/V-(으)ㄴ/는 것보다 A/V-(으)ㄴ/는 것이 낫다

- 큰 것보다 작은 것이 나을 거예요. 작은 사과가 훨씬 더 맛있거든요.
- 한국어는 혼자 공부하는 것보다 한국인 친구와 함께 공부하는 것이 낫다.
- 시간이 없는데 택시를 탈까요?
  - 길이 막힐 때는 택시를 타는 것보다 지하철을 타는 게 나아요.
- 파티에 갈 때 이 까만색 바지를 입으면 어떨까요?
  - 바지를 입는 것보다 치마를 입는 게 더 나을 것 같은데요.
-

LEVEL 4

3. N 만에

- 컴퓨터를 산 지 3일 만에 고장이 났어요.
- 저 배우는 배우가 된 지 15년 만에 주인공 역할을 하게 되었대요.
- 두 사람이 만난 지 한 달 만에 결혼을 해서 사람들이 모두 놀랐어요.
- 중학교를 졸업한 지 얼마 만에 친구들을 다시 만났어요?
  - 10년 만에 만났어요.
-

4. 얼마나 A/V-(으)ㄴ/는지 모르다

- 잠을 안 자려고 커피를 얼마나 많이 마셨는지 몰라요.
- 한복을 예쁘게 입은 신부가 얼마나 아름다웠는지 몰라요.
- 몽골은 겨울 날씨가 정말 춥다면서요?
  - 네, 얼마나 추운지 몰라요. 따뜻한 옷을 많이 준비해 가세요.
-

5. 코끝이 찡하다

- 부모님의 편지를 읽고 코끝이 찡했어요.
- 이 노래만 들으면 옛날 생각이 나서 코끝이 찡해져요.
- 경기에서 이긴 선수들이 서로 안고 우는 것을 보니 코끝이 찡했다.
- 저 영화 정말 감동적이지요?
  - 네, 주인공이 헤어져 살던 가족들과 다시 만나는 장면에서는 코끝이 찡했어요.
-

6. A/V-더니

- 팀 씨가 담배를 끊더니 과자를 많이 먹네요.
- 상우가 어렸을 때는 키가 작더니 지금은 키가 아주 크네요.
- 내 동생은 작년에는 탁구를 배우더니 요즘은 테니스를 배우겠다고 한다.
- 소영 씨가 2년 동안 장학금을 받으면서 일본에서 공부하게 되었대요.
  - 잘됐네요. 매일 도서관에서 공부만 하더니 장학생이 되었군요.
-

종합연습

1. 〈보기〉와 같이 대화를 만드세요.

> 보기
> 가 : 목이 마른데 콜라를 마실까요?
> 나 : 콜라를 마시는 것보다 물을 마시는 게 나아요.

1) 가 : 운동을 배우고 싶은데 테니스가 좋겠지요?
   나 : 요즘은 날씨가 더우니까 ______________________.

2) 가 : 내일 서울에 가려고 하는데 버스를 타면 되겠지요?
   나 : ______________________.

3) 가 : 어머니 생신인데 무슨 선물을 해야 할지 모르겠어요. 그냥 돈을 드려도 괜찮을까요?
   나 : ______________________.

4) 가 : 더운데 에어컨을 켤까요?
   나 : ______________________.

2. 〈보기〉와 같이 대화를 만드세요.

> 보기
> 가 : 투이 씨가 왜 학교에 안 왔어요?
> 나 : 어제 등산을 하더니 다리가 아파서 학교에 못 왔나 봐요.

1) 가 : 아직도 비가 와요?
   나 : ______________________ 지금은 날씨가 맑아요.

2) 가 : 아이가 김치를 아주 잘 먹네요. 김치를 싫어한다고 했잖아요.
   나 : ______________________ 요즘은 김치가 없으면 밥을 안 먹어요.

3) 가 : 할머니께서 아주 건강해지셨어요.
   나 : ______________________ 건강해지셨나 봐요.

4) 가 : 상우 씨와 아사코 씨가 결혼을 한대요.
   나 : ______________________ 결혼을 하기로 했나 봐요.

3. 알맞은 단어를 골라 문장에 맞게 쓰세요.

코끝이 찡하다	올려놓다	번거롭다	자라다

1) 가 : 투이 씨, 조금 후에 수업이 있는데 왜 집에 가려고 해요?
   나 : 이메일을 보낼 때마다 PC방에 가는 일이 ______________ 인터넷을 신청했어요. 그런데 오늘 오후에 인터넷을 설치하기로 했거든요.

2) 가 : 아사코 씨가 졸업식에서 울었다면서요?
   나 : 네, 선생님들께 인사를 하면서 많이 울었어요. 그동안 정이 많이 들었나 봐요. 저도 ______________.

3) 가 : 상우야, 엄마가 식탁 위에 ______________ 빵 못 봤니?
   나 : 그거 조금 전에 제가 먹었는데요.

4) 가 : 아이가 ______________ 어떤 사람이 되면 좋겠어요?
   나 : 착하고 부지런하고 남을 도울 줄 아는 사람이 되면 좋겠어요.

4. 다음 문법을 이용해서 대화를 완성하세요.

얼마나 A/V-(으)ㄴ/는지 모르다	A/V-더니
A/V-(으)ㄴ/는 것보다 A/V-(으)ㄴ/는 것이 낫다	N 만에

1) 가 : 어제 한국영화 봤다면서요? 알아듣기 어렵지 않았어요?
   나 : 말이 너무 빨라서 ______________.
   다음에 DVD가 나오면 다시 봐야 할 것 같아요.

2) 가 : 샤오밍 씨가 입학 시험에 합격했대요.
   나 : 그래요? 그동안 열심히 ______________.

3) 가 : 오늘은 기분이 안 좋아서 혼자 있고 싶어요.
   나 : 기분이 안 좋을 때는 ______________.

4) 가 : 오늘 동창회 어땠어요?
   나 : 아주 재미있었어요. ______________ 만난 친구도 있었는데 너무 많이 변해서 못 알아볼 뻔 했어요.

5. 다음은 상우가 다닌 초등학교와 초등학교 때 친구들의 모습입니다. 그림을 보고 달라진 것이 있으면 '-더니'를 사용해서 말해 보세요.

10년 전

지금

1) 10년 전에는 나무가 많더니 지금은 많지 않아요.

2) ______________________.

3) ______________________.

4) ______________________.

6. 잘 듣고 물음에 답하세요.

1) 들은 내용과 같은 것은 무엇입니까?
   ① 소영에게는 돌이 지난 조카가 있다.
   ② 팀은 옷이나 장난감을 선물하려고 한다.
   ③ 금반지를 선물로 받으면 건강하게 살 수 있다.
   ④ 소영의 언니는 아기 돌 선물을 모두 기부했다.

2) 대화 후 남자는 무슨 일을 하겠습니까?
   ① 돌잔치에 선물을 보낼 것이다.
   ② 선물로 금반지를 사러 갈 것이다.
   ③ 소영과 함께 옷 가게로 갈 것이다.
   ④ 아기 선물을 살 돈을 기부할 것이다.

7. 옛날과 요즘의 돌잡이 물건들을 비교해 보면 사람들의 생각이 어떻게 변했는지를 알 수 있습니다. 아래의 돌잡이 물건을 보고 이 물건들에 어떤 의미가 있는지 알아보세요.

옛날

요즘

8. 여러분은 코끝이 찡했던 일이 있었습니까? 언제 코끝이 찡했는지 그 일을 글로 써 보세요.

보기 나에게는 세 살 때 부모님과 헤어져 외국에서 생활한 친구가 한 명 있다. 그 친구는 한국말을 한마디도 못했고 한국에 대해 아무것도 기억하지 못했다. 어느 날 나는 그 친구를 초대해서 한국 음식을 만들어 주었다. 한국을 모르는 친구에게 한국 음식을 통해서 한국을 느낄 수 있도록 해 주고 싶었다. 음식을 먹으며 나는 그 친구에게 한국 음식의 이름과 만드는 방법을 열심히 설명해 주었다. 김을 먹는 방법도 가르쳐 주었는데, 김에 밥을 싸서 먹던 친구가 갑자기 눈물을 흘리기 시작했다. 그 친구는 "이건 많이 먹어 본 것 같아."라고 말했다. 김은 매운 것을 잘 못 먹는 어린 아이들이 많이 먹는 음식이다. 아마 그 친구도 어릴 때 김을 먹어 보았을 것이다. 그 맛을 20년이 넘도록 기억하고 있는 친구를 보면서 코끝이 찡했다.

읽기

♣ 다음 글을 읽고 질문에 대답하십시오.

제주도의 특별한 결혼식

제주도의 결혼식은 다른 지방의 결혼식과 다른 점이 많다. 다른 지방에서는 하루 만에 결혼식이 끝나는 데 비해 제주도에서는 3일 동안 크게 잔치를 한다.

우선 신랑과 신부는 친한 친구들 중에서 결혼식이 끝날 때까지 모든 일을 도와줄 들러리를 뽑는데 이들을 '부신랑', '부신부'라고 부른다. 들러리들은 성격이 좋고 술도 잘 마실 줄 알아야 한다. 왜냐하면 결혼식 전에 하는 잔치와 결혼식 행사에서 신랑, 신부를 돕고 결혼식에 오는 손님들을 대접해야 하기 때문이다.

결혼식 이틀 전은 '돼지 잡는 날'이다. 남자들은 잔치에 오는 손님들이 먹을 돼지고기를 준비하고 여자들은 음식을 만든다. 준비해야 할 음식이 아주 많기 때문에 이웃 사람들이 함께 음식 만드는 것을 돕는다.

결혼식 전날은 친척과 친구, 마을 사람들에게 음식을 대접하는 날이다. 이날은 결혼식 날보다 사람들이 더 많이 온다. 신랑과 신부의 집에 음식을 대접 받으러 가기 때문에 사람들은 이날이 되면 '잔치 먹으러 간다', '먹을 일 있다'라는 표현을 사용한다. 잔치는 아침부터 밤까지 계속되며 많은 사람들이 온다. 그래서 이날을 '가문 잔칫날'이라고 한다.

결혼식은 잔치의 마지막 날에 하는데 다른 지방에서처럼 호텔이나 예식장을 빌려서 한다. 하지만 다른 지방과 달리 결혼식 후에 신랑, 신부가 결혼식 때 입은 옷을 입고 야외로 나가 친구들과 즐거운 시간을 보낸다.

인생에서 가장 중요한 행사라고 할 수 있는 결혼식이 요즘은 예식장에서 30분 만에 끝나는 경우가 많다. 그렇지만 아직도 제주도에서는 며칠 동안 잔치를 하면서 많은 사람들이 모여 신랑, 신부의 새 출발을 축하해 주는 결혼식이 대단히 중요하고 뜻깊은 날로 남아 있다.

1. 글의 내용과 같은 것을 고르십시오.

① 신부 들러리는 음식을 준비한다.
② 제주도의 결혼식은 일주일 동안 한다.
③ 제주도는 결혼식 날을 명절로 정했다.
④ 결혼식 전날에 많은 손님들이 집으로 온다.

2. 들러리들이 하는 일은 무엇입니까?

① 잔치에 먹을 음식을 준비한다.
② 결혼식에 온 손님들에게 선물을 준다.
③ 신랑과 신부에게 맛있는 음식을 대접한다.
④ 결혼식이 끝날 때까지 신랑 신부를 돕는다.

3. 제주도에서 결혼식 날을 '가문 잔칫날'이라고 하는 이유는 무엇입니까?

4. 여러분 나라에서는 결혼식을 어떻게 합니까? 반 친구들과 이야기하고 써 보세요.

지방	신랑	신부	들러리	부신랑	부신부
대접하다	돼지	가문	예식장	인생	뜻깊다

쉬어 갑시다

아기는 어떻게 말을 배울까?

태어난 지 3~4개월 된 아기들은 우리가 알아들을 수 없는 소리를 낸다. 아기들이 내는 이 소리는 '옹알이'라고 하는데, 전 세계 아기들의 옹알이는 모두 비슷하다. 그런데 아기들은 3~4살이 되면 자기 나라 말을 어른과 비슷한 수준으로 할 줄 알게 된다. 18개월이 된 아기는 50개 정도의 단어를 알고 있는데 2살이 되면 약 2,000개의 단어를 알게 된다고 한다. 이것은 두 시간에 한 개의 단어를 외워야 가능하다. 아기들은 어떻게 짧은 시간에 그렇게 많은 단어와 복잡한 문법 규칙을 배우게 되는 것일까?

언어학자들은 사람은 누구나 말을 배울 수 있는 능력을 가지고 태어난다고 한다. 그렇지만 여러 가지 이유 때문에 약 6~7살이 될 때까지 말을 들을 기회를 놓치게 되면, 그 다음부터는 아무리 가르쳐 주어도 말을 제대로 할 수가 없다. 아이들이 말을 배울 수 있는 시기가 미리 정해져 있어서 6~7살 전에 충분히 들어야 하기 때문이다.

말을 할 수 없는 한 청각 장애인 부모는 아이에게 말을 가르쳐 주려고 집에서 항상 TV를 켜 놓았다고 한다. 그렇게 하면 아이가 말을 배울 수 있을 것이라고 믿었기 때문이다. 그러나 아이가 유치원에 입학할 때 언어 능력을 검사해 보니, 보통 아이들의 30% 수준밖에 되지 않았다고 한다. 아이가 말을 들을 기회가 많다고 해서 무조건 언어를 배울 수 있는 것이 아니다.

엄마가 아이에게 들려주는 말은 아주 단순한 구조이다. 절대로 어른들의 말처럼 복잡하고 어려운 것이 아니다. 그렇지만 아이는 엄마와 이렇게 단순한 말을 주고받으면서 자기 나라말을 완전하게 배우게 된다. 이것을 보면 엄마와 말을 주고받는 것이 말을 배우는 데 얼마나 중요한지 알 수 있다.

15

본문

소영 상우야, 공무원 시험 결과 발표가 났지? 어떻게 됐니?

상우 또 떨어졌어. 이번엔 꼭 합격할 거라고 생각했는데 합격은커녕 2차 시험도 보지 못했어. 밤을 새워서 정말 열심히 공부했는데 공무원이 되기는 틀린 것 같아. 다른 일을 찾아봐야겠어.

소영 겨우 두 번 시험을 보고 포기하는 거야? 공무원이 되려고 10년이나 공부하는 사람들도 있잖아.

상우 나도 알아. 하지만 이제는 자신이 없어. 가족들 앞에서 힘들지 않은 척하기도 싫고.

소영 그러지 말고 힘내. 어제 집에서 TV를 보다가 손가락이 네 개밖에 없는 여자가 피아니스트가 되어서 공연하는 걸 봤어. 그걸 보면서 몸이 불편한 사람도 저렇게 열심히 노력해서 꿈을 이루는데 몸이 건강한 우리가 못할 일은 하나도 없겠다는 생각이 들었어.

상우 네 말을 들으니까 부끄러워지네.

소영 지금은 힘들어도 열심히 하다 보면 좋은 결과가 있을 거야. 고진감래라는 말도 있잖아.

대답하세요

1. 상우는 왜 시험을 포기하고 싶어합니까?
2. 상우는 소영의 말을 듣고 왜 부끄럽다고 했을까요?
3. '고진감래' 라는 말은 무슨 뜻입니까?

커녕	새우다	포기하다	힘내다	손가락
피아니스트	이루다	고진감래	뽑히다	

문법 및 표현

1. N은/는커녕, A/V-기는커녕

- 영화가 재미있기는커녕 너무 지루해서 보다가 나왔어요.
- 두 사람의 관계가 좋아지기는커녕 더 나빠져서 서로 말도 안 해요.
- 밥 먹었어요?
  - 너무 바빠서 밥은커녕 물도 못 마셨어요.
-

2. 밤을 새우다

- 어제는 오랜만에 친구들과 밤을 새워 놀았어요.
- 친구한테서 빌린 만화책이 재미있어서 밤을 새워서 다 읽었어요.
- 상우 씨, 요즘 아주 피곤해 보여요.
  - 일 때문에 밤을 새우는 날이 많아서 그래요.
-

3. V-기는 틀리다

- 양념이 모자라서 불고기를 맛있게 만들기는 틀린 것 같아요.
- 이번 주말에 갑자기 출장을 가게 되어서 동창 모임에 참석하기는 틀렸어요.
- 퇴근 시간이라 길이 많이 막히네요.
  - 그렇네요. 약속 시간을 지키기는 틀린 것 같아요.
-

4. A/V-(으)ㄴ/는 척하다

• 학교에 가기 싫어서 아픈 척했어요.
• 친구가 내 이름을 크게 불렀지만 저는 못 들은 척했어요.
• 팀 씨가 만들어 준 음식이 어땠어요?
  – 맛이 없었지만 팀 씨가 기분 나빠할 것 같아서 맛있는 척했어요.
• 소영아, 너 왜 나를 못 본 척하고 그냥 지나가니?
  – 못 본 척한 게 아니라 정말 못 봤어.
•

5. 꿈을 이루다

• 상우는 열심히 노력해서 자신의 꿈을 이루었다.
• 소피는 피아니스트가 되려는 꿈을 이루기 위해서 미국으로 유학을 갔다.
• 소영 씨, 왜 갑자기 미술로 전공을 바꾸려고 해요?
  – 화가의 꿈을 이루기 위해서 그렇게 정했어요.
•

6. 고진감래

• '고진감래' 가 무슨 뜻이에요?
  – 열심히 노력하면 반드시 좋은 결과가 있다는 뜻이에요.
• 투이 씨, 제가 학교 대표로 뽑혀 일본에 가게 되었어요.
  – '고진감래' 라고 하더니 시험에 합격했군요. 축하해요.
• 부모님께서 결혼을 반대하세요.
  – 힘내세요. '고진감래'라는 말이 있잖아요. 부모님께서 곧 허락하실 거예요.
•

종합연습

1. 〈보기〉와 같이 대화를 만드세요.

> 보기 가 : 요즘 과일 값이 많이 내렸지요?
> 나 : 내리기는커녕 더 올랐어요.

1) 가 : 샤오밍 씨, 외국인 노래 대회에 나갔었다면서요? 잘했어요?
   나 : ______________________ 대회에도 못 나갔어요.

2) 가 : 투이 씨, 제주도에 가 본 적이 있어요?
   나 : ______________________ 서울에도 못 가 봤어요.

3) 가 : 아버지께서 차를 사 주시겠다고 했어요?
   나 : ______________________ 오히려 화를 내셨어요.

4) 가 : 주말에 친구랑 영화 재미있게 봤어요?
   나 : ______________________ 싸워서 저녁도 같이 못 먹었어요.

2. 〈보기〉와 같이 문장을 만드세요.

> 보기 상우 씨가 만든 음식을 먹고 싶지 않아서 저녁을 먹은 척했어요.

1) 왕단 씨가 하는 이야기가 너무 재미없었지만 왕단 씨가 실망할 것 같아서
   ____.

2) 지난주에 소영 씨와 크게 싸웠어요. 그래서 요즘 학교에서 소영 씨를 봐도
   ____.

3) 외국인이 길을 물어봤는데 ______________________________.

4) 친구와 교실에서 이야기를 하고 있는데 선생님이 들어오셨어요. 그래서 우리는 열심히 ______________________________.

LEVEL 4

3. 〈보기〉와 같이 문장을 만드세요.

> 보기
> 가 : 내일 등산을 갈 수 있을까요?
> 나 : 눈이 너무 많이 와서 등산 가기는 틀렸어요.

1) 가 : 제니퍼 씨, 다음 달에 이사할 거예요?
   나 : 집값이 많이 올라서 ______________________.

2) 가 : 소영 씨, 오늘까지 과제를 끝낼 수 있겠어요?
   나 : 글쎄요, 생각보다 어려워서 ______________________.

3) 가 : 이번 방학에 미국으로 여행 간다면서요?
   나 : 글쎄요, 달러가 많이 올라서 ______________________.

4) 가 : 김치찌개는 왕단 씨가 맛있게 끓일 수 있지요?
   나 : 아니요, 김치가 맛이 없어서 ______________________.

4. 알맞은 단어를 골라 문장에 맞게 쓰세요.

밤을 새우다	꿈을 이루다	포기하다	힘내다

1) 가 : 오늘 발표 잘했어요?
   나 : 아니요, 어제 ____________ 준비하고 외웠는데, 발표할 때 너무 긴장해서 다 잊어버렸어요.

2) 가 : 상우 씨, 아까 읽고 있던 책은 무슨 책이에요?
   나 : '네 손가락의 피아니스트' 라는 책인데 힘들고 어려운 상황에서도 끝까지 ____________ 않고 자신의 ____________ 사람의 얘기예요.

3) 가 : 회사 일이 너무 힘들어요.
   나 : ____________. 시간이 좀 지나면 익숙해질 거예요.

5. 다음 문법을 이용해서 대화를 완성하세요.

A/V-(으)ㄴ/는 척하다　　A/V-기는커녕　　V-기는 틀렸다

1) 가 : 샤오밍 씨, 차를 살 거라고 했지요? 언제 살 거예요?
나 : 차 값이 너무 올라서 ______________________.

2) 가 : 아버님께서 입원하셨다면서요? 좀 좋아지셨어요?
나 : ______________________ 더 나빠지셔서 큰일이에요.

3) 가 : 소영아, 왜 집에 있어? 오늘 영화 보러 간다고 하지 않았어?
나 : ______________________. 오늘 만나기로 한 친구가 갑자기 약속을 취소했거든.

4) 가 : 어머, 저기 이 선생님과 정 선생님 아니에요?
나 : 그렇네요. 두 분이 사귀나 봐요. 두 사람을 한번 불러 볼까요?
가 : 아니요. 그냥 ______________________. 같은 직장에서 일하니까 다른 사람들에게 알려지는 게 싫을 거예요.

6. 잘 듣고 물음에 답하세요.

1) 상우의 엄마와 아빠는 언제 만났습니까?

2) 상우의 엄마와 아빠는 어떻게 만났습니까?

3) 들은 내용과 다른 것을 고르십시오.
① 엄마는 아빠가 변했다고 생각한다.
② 엄마는 아빠를 보고 첫눈에 반했다.
③ 아빠는 키가 작고 조용한 성격이다.
④ 아빠는 엄마의 생일을 잊어버린 적이 있다.

7. 다음과 같은 상황에서 여러분은 어떻게 하겠어요? 친구와 이야기해 보세요.

버스를 탔는데 너무 피곤해서 자고 싶어요. 그런데 어떤 할머니 한 분이 타시더니 제 앞에 서 계세요. 주위를 보니 다른 사람들은 자는 척하거나 책을 읽는 척해요. 할머니는 저를 계속 보고 계세요. 어떻게 하면 좋을까요?

저는 올해 스물일곱 살이에요. 대학을 졸업한 지 3년이 지났지만 아직 취직을 못해서 걱정이에요. 오늘 면접을 보러 가요. 그런데 이 회사에서는 영어와 일본어를 잘하는 사람을 구하고 있어요. 저는 영어는 잘하지만 일본어는 잘 못해요. 일본어를 잘하느냐고 물으면 어떻게 하지요? 저는 이 회사에 꼭 취직하고 싶어요.

8. 여러분은 이런 적이 있나요? 친구들에게 자세히 이야기해 보세요.

1) 아는 사람을 보고 모르는 척한 경험

2) 돈을 빌려 달라는 부탁을 받고 돈이 있는데도 없는 척한 경험

3) 친구가 만든 요리를 먹고 맛이 없는데도 맛있는 척한 경험

4) 좋아하는 사람 앞에서 좋아하지 않는 척한 경험

읽기

♣ 다음 글을 읽고 질문에 대답하십시오.

㉠ ______________________

며칠 전 저녁에 있었던 일입니다. 그날도 저는 저녁 8시쯤에 집으로 가는 버스를 탔습니다. 그날은 다른 날과 달리 버스 안에 서 있는 사람이 거의 없었습니다. 10분쯤 지났을 때 한 버스 정류장에서 할아버지 한 분이 무거운 짐을 들고 버스를 타셨습니다. 그런데 할아버지가 버스에 타신 후 얼마 지나지 않았을 때 운전기사가 갑자기 할아버지에게 소리를 질렀습니다.

"차비가 없으면 빨리 내리세요!"

할아버지는 아주 미안한 표정으로 한 번만 태워 달라고 부탁했습니다.

(㉡) 저는 할아버지 대신에 차비를 내 드리고 운전기사에게 무례하게 행동한 것을 사과하라고 말하고 싶었습니다. 하지만 다른 사람들이 모두 쳐다보고 있어서 어떻게 해야 할지 고민하고 있었습니다.

(㉢) 그때였습니다. 초등학생으로 보이는 여자 아이가 앞으로 나가더니 가방에서 만 원을 꺼냈습니다. (㉣) 그리고 운전기사에게 그 돈을 주면서 "아저씨, 앞으로 이런 분들 타시면 공짜로 10번 태워 주세요."라고 말하고 할아버지를 자기가 앉아 있던 자리로 모시고 갔습니다.

제가 내려야 할 정류장에 거의 다 왔을 때 저는 지갑에서 만 원을 꺼내서 그 여자 아이에게 주고 얼른 버스에서 내렸습니다. 그렇게 하지 않으면 제 마음이 편하지 않을 것 같았기 때문입니다. (㉤) 아직 어리지만 저에게 진정한 용기 있는 행동이 무엇인지 보여 준 그 여자 아이에게 고마움의 인사를 전하고 싶습니다.

1. ㉠에 들어갈 알맞은 제목을 쓰십시오.

---

2. 글의 내용과 같은 것을 고르십시오.

① 이 사람은 여자 아이의 자리에 앉았다.
② 이 사람은 할아버지의 짐을 들어 드렸다.
③ 이 사람은 여자 아이에게 만 원을 주었다.
④ 이 사람은 할아버지의 차비를 대신 내 주었다.

3. ㉡~㉤ 중 다음 문장이 들어갈 알맞은 곳은 어디입니까?

> 그 여자 아이의 용기 있는 행동을 보면서 저는 제 자신이 너무나 부끄러웠습니다.

4. 여러분도 이 사람과 비슷한 경험을 한 적이 있습니까? 또는 알고 있는 따뜻한 이야기가 있습니까? 친구들과 함께 이야기해 봅시다.

운전기사	지르다	차비	무례하다	꺼내다

쉬어 갑시다

밸런타인데이 (Valentine's Day)

밸런타인데이(Valentine's Day)는 사랑하는 사람들에게 자신의 마음을 고백하는 날인데 원래 밸런타인은 옛날 로마 신부의 이름이었다.

로마의 클라디우스 왕은 결혼을 하지 않은 젊은 남자들을 군대로 데려가기 위해 결혼을 금지하는 법을 만들었다. 그러나 밸런타인 신부는 이 법을 지키지 않고 서로 사랑하는 많은 젊은이들을 결혼시켜 주었다. 이 일 때문에 밸런타인 신부는 2월 14일에 죽게 되었다. 이때부터 매년 2월 14일이 되면 사랑하는 사람에게 마음을 고백하는 풍습이 시작되었다고 한다.

밸런타인데이를 기념하는 방법은 나라마다 다르다. 미국의 아이들은 학교에서 파티를 열고 같은 반 친구들에게 줄 카드를 직접 만든다. 그리고 사탕과 초콜릿 등을 서로 선물한다. 어른들은 꽃이나 사탕, 선물을 사랑하는 사람에게 보낸다. 영국과 이탈리아에서는 결혼을 하지 않은 여자들이 새벽에 일어나 창밖으로 지나가는 남자를 보는 풍습이 있다. 이때 여자들은 처음으로 본 남자나 그 남자와 닮은 사람과 그 해에 결혼을 하게 된다고 믿는다. 덴마크에서는 남자들이 시를 지어서 자신의 이름을 쓰지 않고 이름의 철자 수만큼 점을 찍어서 사랑하는 여자에게 보낸다. 여자가 이름을 맞히면 남자가 여자에게 부활절에 계란을 보내는 풍습이 있다.

한국과 일본의 밸런타인데이에는 여자가 사랑하는 남자에게 초콜릿을 선물하면서 마음을 고백한다. 그리고 3월 14일 화이트데이가 되면 남자가 사랑하는 여자에게 사탕을 선물하면서 마음을 고백한다.

이렇게 나라마다 밸런타인데이를 기념하는 풍습은 각각 다르지만 사랑하는 사람에게 사랑을 전하는 마음은 세계 어느 곳이나 같다.

16

본문

대학에 입학하거나 취직을 할 때 면접을 봐야 하는 경우가 많다. 평소에 아무리 자신감이 많은 사람이라도 면접 때에는 긴장을 해서 하고 싶은 말을 다 못하거나 실수를 하게 된다. 다음과 같은 점들을 알아 두면 면접을 보는 데에 도움이 될 것이다.

첫째, 면접을 보러 갈 때는 깨끗하고 단정한 옷차림을 한다. 너무 짧은 치마나 화려한 옷은 피하는 것이 좋다.

둘째, 면접관의 질문에는 큰 목소리로 자신 있게 대답하는 것이 중요하다. 목소리가 너무 작거나 분명하게 말하지 않으면 면접관에게 좋은 인상을 줄 수 없다. 면접관의 질문에 당황하지 말고 대답을 잘할 수 있도록 미리 면접 연습을 하는 것도 좋은 방법이다.

셋째, 대답하기 어려운 질문에는 솔직하게 잘 모른다고 하는 것이 좋다. 무조건 대답을 해야 한다는 생각 때문에 아무 이야기나 하는 것은 오히려 나쁜 인상을 줄 수 있다.

혹시 면접을 보다가 실수를 하더라도 당황하지 말고 끝까지 최선을 다하는 것이 중요하다. 면접을 볼 때는 실력 못지않게 태도도 중요하다.

대답하세요

1. 면접을 볼 때 옷을 어떻게 입으면 좋습니까?
2. 면접관의 질문에 어떻게 대답하는 것이 좋습니까?

경우	단정하다	옷차림	화려하다	면접관
목소리	분명하다	인상	솔직하다	무조건
태도	시청자	배꼽	시합	터지다
참다				

문법 및 표현

1. A/V-(으)ㄴ/는 경우가 많다[있다]
N인 경우가 많다[있다]

- 살다 보면 거짓말을 해야 하는 경우가 있다.
- 초등학교 선생님은 여자인 경우가 많다.
- 아주 쉬운 문제도 틀리는 경우가 있으니까 문제를 잘 봐야 해.
  - 네, 걱정하지 마세요.
-

2. 다음과 같다

- 세탁기 사용 방법은 다음과 같다.
- 김치찌개는 다음과 같이 만들면 된다.
- 올해 시청자들에게 인기가 있었던 드라마는 다음과 같다.
- 다음과 같은 증상을 보이는 경우에는 이 약을 먹으면 안된다.
-

LEVEL 4

3. V-도록

- 지금 한 이야기는 잊어버리지 않도록 공책에 써 두세요.
- 뒤에 있는 사람들에게도 잘 들리도록 큰 소리로 이야기해 주십시오.
- 음식을 얼마나 만들까요?
  - 음식이 남지 않도록 조금만 만드세요.

- 그 영화를 보고 배꼽이 빠지도록 웃었다.
- 어제 축구 시합에서 목이 터지도록 큰 소리로 응원했어요.
- 할아버지께서 나으셨다는 말을 들으니까 눈물이 나도록 기뻐요.
-

4. 아무 N(이)나

- 쓰레기를 아무데나 버리면 안된다.
- 우리 학교 도서관에는 아무나 들어갈 수 없대요.
- 친구 결혼식인데 아무 옷이나 입고 갈 수는 없어요.
- 어떤 사람이 좋아요?
  - 저는 아무거나 다 잘 먹는 사람이 좋아요.
-

5. A/V-더라도

- 바쁘시더라도 잠시만 시간을 내 주시면 안될까요?
- 좀 아프시더라도 참고 조금씩 걸으시는 게 좋습니다.
- 오늘 내가 약속 시간을 지키지 못하더라도 조금만 기다려 주세요.
-

6. N 못지않게

- 일의 결과 못지않게 일을 하는 과정도 중요하다.
- 우리 할아버지는 젊은 사람 못지않게 축구를 잘하신다.
- 어떻게 하면 맛있는 커피를 만들 수 있을까요?
  - 내가 가르쳐 주는 대로 하면 커피숍의 커피 못지않게 맛있는 커피를 마실 수 있어요.
-

종합연습

1. <보기>와 같이 대화를 만드세요.

> 보기 가 : 이제 한국 생활에 익숙해졌어요?
> 나 : 네, 친구들이 한국 생활을 잘할 수 있도록 많이 도와주었어요.

1) 가 : 아기가 ________________ 조용히 하세요.
   나 : 네, 조용히 할게요.

2) 가 : 말도 없이 어디 갔다 왔니? 걱정했잖아.
   나 : 죄송합니다. 잠깐 친구 좀 만나고 왔어요.
   다음에는 ________________ 꼭 말하고 나갈게요.

3) 가 : 어제 발표 잘했어요?
   나 : 아니요, 잘 못했어요. 다음부터는 ________________ 연습을 많이 해야겠어요.

4) 가 : 고향에 돌아가더라도 한국어를 잊어버리지 마세요.
   나 : 네, ________________ 열심히 공부하겠습니다.

2. <보기>와 같이 대화를 만드세요.

> 보기 가 : 뭘 살까? 빵? 과자?
> 나 : 시간 다 됐는데 그냥 아무거나 사.

1) 가 : 이 가방을 어디에 놓을까요?
   나 : 우선 ________________ 놓으세요. 내가 나중에 옮길게요.

2) 가 : 소영 씨 병문안을 가는데 무슨 과일을 사 가면 좋을까요?
   나 : 소영 씨는 ________________ 다 좋아해요.

3) 가 : 선생님 드릴 말씀이 있는데 언제 시간이 괜찮으세요?
   나 : 이번 주에는 특별한 일이 없으니까 ________________ 괜찮아요.

4) 가 : 볼펜 좀 빌려 주세요.
   나 : 무슨 색요?
   가 : ________________________________.

3. 〈보기〉와 같이 대화를 만드세요.

보기 가 : 다음 달에 결혼한다면서요?
나 : 네, 바쁘시더라도 꼭 오세요.

1) 가 : 너무 힘들어서 더 이상은 못 걷겠어요.
나 : ______________________________.

2) 가 : 그 모임에 참석하기 싫은데 어떡하지?
나 : ______________________________.

3) 가 : 오늘 늦게 퇴근할 것 같은데 우리 다음 주에 만나면 안될까요?
나 : ______________________________.

4) 가 : 시내에는 처음 가는데 길을 잃으면 어떻게 하지요?
나 : ______________________________.

4. 다음 문법을 이용해서 대화를 완성하세요.

1) 가 : 제니퍼 씨 요리 실력이 아주 대단하지요?
나 : ______________________________. (N 못지않게)

2) 가 : 왜 이렇게 늦게 왔어요?
나 : ______________________________. (V-도록)

3) 가 : 내일이면 한국을 떠나시는군요.
나 : ______________________________. (A/V-더라도)

4) 가 : 인터넷으로 옷을 샀는데 컴퓨터 화면에서 본 것과 옷 색깔이 달라요.
나 : ______________________________.
(A/V-(으)ㄴ/는 경우가 많다)

5. 다음을 연결하여 문장을 완성하세요.

1) 죽도록 •	• 친구를 기다렸는데 오지 않았다.
2) 배가 터지도록 •	• 걱정을 했어요.
3) 눈 빠지도록 •	• 많이 먹어서 더 이상 먹을 수가 없다.
4) 머리가 빠지도록 •	• 웃었어요.
5) 배꼽이 빠지도록 •	• 사랑합니다.

6. '자기 소개서'를 써 봅시다.

1) '자기 소개서'를 쓰려면 어떤 내용이 필요할까요?

① 이름	② 성격, 취미	③ ( )
④ ( )	⑤ ( )	⑥ 졸업 후 계획

2) 위의 내용을 생각해서 '자기 소개서'를 써 보세요.

저는 ____________ 입니다. ______________________

LEVEL 4

7. 알맞은 단어를 골라 문장에 맞게 쓰세요.

분명하다	단정하다	솔직하다

1) 물어보고 싶은 게 있는데 ______________ 대답해 줄 수 있어?

2) 팀 씨의 말은 발음이 ______________ 알아듣기가 어렵다.

3) 가 : 왜 그런 옷을 입었어? 좀 ______________ 옷으로 바꿔 입어.
   나 : 아빠, 이건 요즘 유행하는 옷이에요. 친구들도 다 이런 옷을 입어요.

8. 〈보기〉와 같이 대화를 만드세요.

보기 **아르바이트 면접**

사장 지금 대학생이지요? 몇 학년이에요?
학생 2학년입니다.
사장 우리 가게는 월요일과 수요일, 금요일 오후 2시부터 오후 7시까지 일할 사람이 필요한데 할 수 있어요?
학생 네, 할 수 있습니다. 월요일과 수요일에는 오전에 수업이 다 끝나고 금요일에는 수업이 없습니다.
사장 잘 됐네요. 그럼 다음 주 월요일부터 일할 수 있어요?
학생 네, 감사합니다. 열심히 하겠습니다.

1) 대학 입학 면접　　　　2) 회사 면접

9. 잘 듣고 물음에 답하세요.

1) 들은 내용과 다른 것은 무엇입니까?
   ① 샤오밍은 컴퓨터에 관심이 많다.
   ② 샤오밍은 한국에서 대학교에 다니고 있다.
   ③ 샤오밍은 컴퓨터 회사에서 일한 적이 있다.
   ④ 샤오밍은 컴퓨터와 관계있는 일을 배우고 싶어한다.

2) 들은 내용에서 알 수 없는 것은 무엇입니까?
   ① 샤오밍의 고향　　　② 샤오밍의 취미
   ③ 샤오밍의 희망 전공　　　④ 샤오밍의 현재 직업

읽기

♣ 다음 글을 읽고 질문에 대답해 보세요.

제 이름은 이시다 사키라고 합니다. 저는 일본 교토에서 태어났습니다. 우리 가족은 네 명인데 부모님이 계시고 남동생이 한 명 있습니다. 아버지께서는 은행에 다니시는데 검소하고 엄격하십니다. 어머니께서는 주부이십니다. 아버지와는 달리 말씀도 재미있게 하시고 친구 같은 분입니다. 남동생은 저보다 3살 어린데 현재 교토에서 대학교에 다니고 있습니다. 우리는 어릴 때는 많이 싸웠지만 지금은 서로 이야기도 많이 하고 힘든 일을 의논하기도 합니다.

저는 교토에 있는 대학교에서 법학을 전공할 때 '외국인들을 위한 정책'에 대해 관심이 많았습니다. (㉠) 일본에는 오래 전부터 외국인들이 많이 이주해 와서 살기 시작했습니다. 제 친구 중에 재일 교포 2세가 여러 명 있습니다. (㉡) 그들이 일본에서 힘들게 살아가는 것을 옆에서 보면서 일본의 이주민 정책에 대해 관심을 가지기 시작했습니다. 교토에서 공부하던 중에 한국에도 많은 유학생과 이주민들이 있고, 한국 남성들과 결혼한 이주 여성도 많이 있다는 것을 알게 되었습니다. (㉢)

한국에 오기 전에 6개월 정도 한국어 공부를 했습니다. 그리고 한국에서도 한국어학당에서 1년 동안 공부했습니다. (㉣) 한국어능력시험 5급에도 합격해서 대학원에서 공부하는 데 큰 문제는 없을 것이라고 생각합니다.

대학원에 입학하게 된다면 한국의 외국인에 대한 정책에 대해 열심히 연구해 보고 싶습니다. 그리고 친구들도 많이 사귀고 여러 가지 아르바이트도 하면서 즐겁게 보내고 싶습니다. 졸업 후에는 외국인들에게 실제로 도움을 줄 수 있는 일을 하고 싶습니다.

1. 사키 씨가 한국에서 공부하고 싶어하는 것은 무엇입니까?

2. 글의 내용과 다른 것을 고르세요.

① 1년 6개월 정도 한국어를 공부했다.
② 일본과 마찬가지로 한국에도 이주민들이 많다.
③ 사키 씨는 현재 남동생과 같은 대학교에 다니고 있다.
④ 재일 교포 친구들 때문에 이주민 정책에 관심이 생겼다.

3. 사키 씨가 졸업 후에 하고 싶어하는 일은 무엇입니까?

4. 다음 문장이 들어갈 알맞은 곳을 고르세요.

그래서 한국의 정책에 대해서 공부해 보고 싶어서 한국에 왔습니다.

① ㉠ ② ㉡ ③ ㉢ ④ ㉣

교토	검소하다	엄격하다	의논하다	정책
재일	교포	이주하다	이주민	

쉬어 갑시다

세계 최초의 발명 이야기

○ 마스카라

마스카라가 만들어지게 된 데에는 메이블린이라는 소녀의 사랑 이야기가 있다. 메이블린은 체트라는 남자를 짝사랑하고 있었는데 체트는 평범하게 생긴 메이블린에게 전혀 관심이 없었다. 매일 체트를 생각하며 슬퍼하는 동생을 위해 오빠 토마스가 동생을 도와주기로 했다. 토마스는 여동생의 속눈썹을 좀 더 진하고 길게 만들면 동생의 평범한 눈이 더 크고 아름답게 보일 거라고 생각했다. 그래서 토마스는 열심히 연구해서 마스카라를 만들었다. 그 마스카라를 바른 동생은 몰라보게 아름다워졌다. 체트는 아름다워진 메이블린을 보고 사랑에 빠지게 되었고, 그 둘은 곧 결혼했다.

토마스는 마스카라 회사를 세워서 마스카라를 만들어 팔기 시작했다. 마스카라는 많은 여성들에게 최고의 인기를 얻었다. 이렇게 마스카라는 한 소녀의 짝사랑과 그 소녀에 대한 가족의 사랑으로 만들어지게 된 것이다.

○ 수정액

회사에서 비서로 일하던 한 여성은 타자를 잘 못 쳐서 오타가 많았다. 오타 때문에 상사에게 자주 야단을 맞던 그녀는 오타를 고칠 수 있는 방법에 대해 생각하기 시작했다. 그러던 어느 날 그녀는 간판의 틀린 부분에 흰색 페인트를 칠하는 것을 보고 오타가 난 부분에 흰색 페인트를 발라 보았다. 그랬더니 오타를 완전히 수정할 수 있었다. 그녀는 수정한 것을 상사가 알면 해고될까 봐 혼자서만 몰래 사용했다.

그런데 시간이 지나면서 페인트 색깔이 변해 종이에 얼룩이 생기게 되었다. 그것을 보고 상사가 이유를 묻자 그녀는 어쩔 수 없이 사실을 말했다. 그 후, 그녀의 수정액은 동료들에게 인기가 아주 많아지게 되었다. 그녀는 수정액 회사를 세워서 많은 돈을 벌었다고 한다.

17

본문

세계적인 비올라 연주가인 리처드 용재 오닐의 '공감'이라는 책에는 그의 특별한 인생과 함께 음악에 대한 사랑이 가득 담겨 있다. 독자들은 이 책을 통해 어렵게 여겨 왔던 클래식 음악과 친숙해질 수 있으며 용재 오닐이 세계적인 연주가로 성공하기까지 가족의 사랑이 얼마나 큰 힘이 되었는지를 알 수 있게 된다.

용재 오닐은 한국 전쟁 때 미국으로 입양된 장애인 어머니에게서 태어났다. 그는 음악적 재능이 뛰어났지만 너무 가난해서 음악 공부를 할 생각도 못했다. 그런 그가 음악에 대한 꿈을 키울 수 있도록 도와주신 분은 할아버지와 할머니이셨다. 두 분은 생활이 어려웠는데도 불구하고 용재 오닐의 음악 교육에 지원을 아끼지 않으셨다. 용재 오닐이 세계적인 비올라 연주가가 될 수 있었던 것은 바로 이런 가족의 사랑 덕분이었다.

음악은 용재 오닐에게 가족만큼 소중하다. 어린 시절의 용재 오닐은 가족이 모두 바빠서 자주 혼자 시간을 보내곤 했다. 그러나 그가 외롭지 않았던 것은 음악이 있었기 때문이었다. 지금도 음악은 그의 친구이자 언어이다. 그는 언제나 음악과 함께 있고 음악을 통해 사람들과 대화를 나눈다.

대답하세요

① '공감'은 어떤 책입니까?
② 용재 오닐이 세계적인 연주가가 될 수 있었던 것은 무엇 때문이었습니까?
③ 음악은 용재 오닐에게 어떤 의미입니까?

비올라	연주가	공감	가득	담기다
독자	여기다	클래식	친숙하다	입양
재능	뛰어나다	키우다	불구하다	지원
언어	대화	행운	선배	

문법 및 표현

1. 여기다

- 나는 아사코를 동생처럼 여기고 있어요.
- 이번에 장학금을 받은 것을 행운으로 여기고 있어요.
- 저는 한국을 두 번째 고향으로 여기면서 살고 있어요.
- 아버지는 할아버지의 선물을 소중하게 여기고 계신다.
-

2. 힘이 되다

- 이사할 때 친구의 도움이 큰 힘이 되었다.
- 저에게 가장 큰 힘이 되어 주시는 분은 아버지이십니다.
- 저에게는 어려울 때마다 힘이 되어 주는 친구가 한 명 있어요.
- 고등학생 때 선생님의 말씀이 힘이 되어서 열심히 공부할 수 있었다.
-

3. V-(으)ㄹ 생각도 못하다

• 요즘은 너무 바빠서 고향에 갈 생각도 못해요.
• 아들이 대학을 졸업하기 전까지는 차를 바꿀 생각도 못합니다.
• 내일은 토요일이지만 해야 할 일이 많아서 늦잠을 잘 생각도 못한다.
• 저 옷 참 예쁘네요. 우리 가게 안에 한번 들어가 봐요.
  – 안 들어가는 게 좋을 거예요. 저 집 옷은 너무 비싸서 살 생각도 못하거든요.
•

4. A/V-(으)ㄴ/는데도 불구하고, N에도 불구하고

• 추운 날씨에도 불구하고 결혼식에 사람들이 많이 왔어요.
• 상우 씨는 집이 먼데도 불구하고 한 번도 지각한 적이 없다.
• 그 사람은 돈이 없는데도 불구하고 다른 사람들을 많이 도와줘요.
• 그 사람은 장애가 있는데도 불구하고 훌륭한 예술가가 되었습니다.
•

5. V-곤 하다

• 제 동생은 화가 나면 매운 음식을 먹곤 해요.
• 설날에 가족들이 모이면 윷놀이를 하곤 합니다.
• 남자 친구와 함께 인라인 스케이트를 타러 공원에 가곤 해요.
• 나는 어릴 때 아버지와 함께 낚시를 하러 다니곤 했다.
•

6. N이자 N이다

• 이건 휴대 전화이자 카메라이다.
• 피아노 연주는 내 취미이자 직업이에요.
• 그분은 나의 학교 선배이자 선생님이세요.
• 이쪽으로 오세요. 이게 제 책상이자 식탁이에요.
•

종합연습

1. 알맞은 단어를 골라 문장에 맞게 쓰세요.

담기다	키우다	뛰어나다	여기다

1) 상우 어머니께서는 나를 가족처럼 ____________ 많이 도와주세요.

2) 나에게 가장 소중한 것은 추억이 가득 ____________ 사진들입니다.

3) 요즘 여성들은 집안일을 하면서 아이를 ____________ 것보다 직장 생활을 하기를 더 원한다.

4) 가 : 사진 속 경치가 정말 멋있네요. 여기가 어디예요?
   나 : 캐나다인데 경치가 ____________ 곳으로 아주 유명해요.

2. 알맞은 단어를 골라 문장에 맞게 쓰세요.

입양	독자	재능	연주가

1) 가 : 저 사람은 3살 때 미국으로 ________되었다고 해. 지금 자신을 낳아 주신 어머니를 찾으러 한국으로 온 거래.
   나 : 그래? 꼭 찾으면 좋겠다.

2) 가 : 제 친구는 피아노를 굉장히 잘 쳐서 장학금을 받고 대학교에 입학했어요.
   나 : 좋겠어요. 저는 음악에 ________이/가 있는 사람이 정말 부러워요.

3) 전통 악기 ________이/가 되는 것이 나의 꿈이었어요.

4) 이 잡지는 자동차에 대한 내용이 많이 실려 있어서 남자 ________이/가 많아요.

3. 〈보기〉와 같이 대화를 만드세요.

보기
가 : 제니퍼 씨는 주말마다 뭐 해요?
나 : 보통 주말에는 아이들과 놀이공원에 가곤 해요.

1) 가 : 상우 씨는 이곳을 잘 아는 것 같아요.
나 : 네, 어릴 때 부모님과 ______________________.

2) 가 : 소영 씨는 김치를 잘 담그네요.
나 : 고등학교 때부터 어머니와 함께 ______________________.

3) 가 : 친구를 기다릴 때 보통 뭐 해요?
나 : 커피숍에 앉아서 ______________________.

4) 가 : 팀 씨, 테니스 칠 줄 알면 이번 주말에 테니스장에 갈까요?
나 : 좋아요. 한국에 오기 전에는 ______________________.

4. 다음 문법을 이용해서 대화를 완성하세요.

N에도 불구하고	A/V-(으)ㄴ/는데도 불구하고
V-(으)ㄹ 생각도 못하다	N이자 N이다

1) 가 : 소영 씨는 아사코 씨하고 가까운 것 같아요.
나 : 네, 아사코 씨는 나의 일본어 선생님______________________.

2) 가 : 투이 씨, 왜 이제 점심을 먹어요?
나 : 오늘은 너무 바빠서 ______________________.

3) 가 : 샤오밍 씨가 아프다고 들었는데 집에 없네요.
나 : ______________________ 일이 많아서 출근을 한다고 했어요.

4) 가 : 저 야구 선수들은 정말 힘들겠어요.
나 : 더운 날씨______________________ 정말 열심히 연습하네요.

5. 〈보기〉와 같이 대화를 만드세요.

> 보기 가 : 오늘 일이 너무 많아서 잘 생각도 못하겠어요.
> 나 : 저도 그래요. 오늘도 늦게까지 일을 해야 해요.

1) 가 : 출퇴근 시간에는 길이 너무 복잡해서 ____________________.
   나 : 그럼 저처럼 지하철을 타고 다니세요.

2) 가 : 이 소설은 너무 어려워서 ____________________.
   나 : 그래요? 그럼 좀 더 쉬운 책을 골라 보세요.

3) 가 : 그 식당은 일찍 가지 않으면 ____________________.
   나 : 그래요? 그럼 지금 빨리 갑시다.

4) 가 : 삼계탕 만드는 법이 너무 어려워서 ____________________.
   나 : 생각보다 어렵지 않아요. 제가 가르쳐 드릴게요.

6. 여러분의 습관에 대해 친구와 함께 이야기해 보세요.

> 보기 나는 잠이 오지 않을 때에는 샤워를 하곤 해요.

1) 아침에 바쁠 때는 ____________________.

2) 수업 시간에 잠이 올 때는 ____________________.

3) 화가 날 때는 ____________________.

4) 비가 올 때는 ____________________.

5) 고향 생각이 날 때는 ____________________.

6) 학교에 오면서 ____________________.

7. 〈보기〉와 같이 문장을 만드세요.

> **보기** 감기에 걸려서 열이 많이 나는데도 불구하고 학교에 갔어요.

1) 친구 때문에 화가 났는데도 불구하고 ______________________.

2) 여름인데도 불구하고 ______________________.

3) 아침에 일찍 일어났는데도 불구하고 ______________________.

4) 항상 열심히 공부하는데도 불구하고 ______________________.

5) 그 사람은 돈이 많은데도 불구하고 ______________________.

6) 오늘은 시간이 많은데도 불구하고 ______________________.

8. 잘 듣고 물음에 답하세요.

1) 여기에서 소개하는 책의 제목은 무엇입니까?

2) 소개하는 책의 내용과 같은 것을 고르십시오.
   ① 줄무늬 벌레는 노란색 나비가 되었다.
   ② 줄무늬 벌레는 정상에서 희망을 찾았다.
   ③ 줄무늬 벌레는 다른 삶을 살고 싶어서 여행을 떠났다.
   ④ 줄무늬 벌레는 나비가 되기 위해서 정상으로 올라갔다.

3) 들은 내용과 다른 것을 고르십시오.
   ① 책의 내용은 행복의 조건에 관한 것이다.
   ② 다른 길을 선택하는 벌레 두 마리가 주인공이다.
   ③ 이 프로그램에서 소개하는 책은 시청자들이 뽑은 것이다.
   ④ 이 책은 가까운 곳에 행복이 있다는 것을 가르쳐 주려고 한다.

읽기

♣ 다음 글을 읽고 질문에 대답하십시오.

'말아톤' 을 보고

어제 친구와 같이 '말아톤' 이라는 영화를 봤다. 이 영화는 실제 있었던 이야기로 만들어졌고 영화를 본 사람들 모두가 좋은 영화니까 꼭 보라고 해서 나도 한번 보고 싶었다.

주인공인 '초원' 은 스무 살이지만 다섯 살 아이처럼 생각하고 행동하는 장애인이다. 하지만 초원은 기억력도 좋고 달리기도 잘한다. 초원의 어머니는 초원이 달리기를 다른 사람보다 잘하는 것을 알고 마라톤을 시키기로 결심했다.

초원의 어머니는 마라톤 코치를 찾아가 초원에게 마라톤을 가르쳐 달라고 부탁했다. 처음에 코치는 아이처럼 행동하는 초원을 보고 마라톤을 할 수 없을 거라고 생각했기 때문에 가르치기 싫어했다. 그래서 (㉠) 초원에게 운동장을 백 바퀴 뛰라고 했다. 그런데 초원은 운동장 백 바퀴를 끝까지 뛰었다. (㉡)

그날부터 초원은 10월에 열리는 '춘천 마라톤 대회' 에 참가하기 위해서 열심히 훈련을 받았다. 어머니는 초원이 마라톤을 하는 것이 힘들어 보여서 마라톤을 그만두라고 했다. 하지만 초원은 마라톤대회에 나갔고 끝까지 달렸다. 초원을 부끄럽게 생각했던 동생은 최선을 다하는 초원의 모습을 보고 형을 자랑스럽게 생각하게 되었다.

주인공이 포기하지 않고 끝까지 달리는 장면은 정말 감동적이었다. 나는 힘든 일이 있으면 안 할 생각부터 하는데 주인공은 끝까지 포기하지 않고 달렸다. 이 영화에서 '초원' 의 역할을 맡은 남자 주인공의 연기도 뛰어났다. 그는 '진짜 초원' 처럼 연기하기 위해 몇 달 동안 장애인들과 함께 생활했다고 한다.

이 영화를 보면서 가능성과 희망에 대해 생각해 보았다. 아무리 힘든 일이 있더라도 열심히 노력하면 할 수 있다는 것을 느꼈다.

1. 이 글은 어떤 글입니까?

2. 글의 내용과 맞지 않는 것을 고르십시오.

① 주인공 초원은 장애인인데 나중에 영화배우가 되었다.
② 마라톤 대회에 나간 초원은 포기하지 않고 끝까지 달렸다.
③ 처음에 코치는 초원이 마라톤을 할 수 없을 것이라고 생각했다.
④ 초원은 어머니의 반대에도 불구하고 춘천 마라톤 대회에 참가했다.

3. ㉠에 들어갈 알맞은 말을 고르십시오.

① 겨우 ② 오히려 ③ 일부러 ④ 절대로

4. ㉡에 들어갈 수 있는 내용은 무엇입니까?

① 코치는 초원이 포기하기를 원했다.
② 코치는 그것이 당연하다고 생각했다.
③ 코치는 초원을 보고 당황해서 집으로 보냈다.
④ 코치는 이런 초원을 보고 가르치기로 결심했다.

기억력	코치	바퀴	쓰러지다	훈련
그만두다	말다	연기	가능성	

쉬어 갑시다

한국의 개

옛날부터 개는 한국 사람들에게 가족과 같은 존재였다. 가족들이 모두 외출했을 때는 집을 지켜 주고 무서운 짐승들을 쫓아 주고 아이들과 함께 놀아 주었다. 한국 사람들의 사랑을 받아 온 개들 중에서는 진돗개, 삽살개, 풍산개가 특히 유명하다.

진돗개는 용감하고 주인에 대한 충성심이 강하다. 그래서 다른 사람에게 보내도 주인을 잊지 못해서 돌아오는 경우가 많다고 한다. '백구' 라는 진돗개에 대한 이야기는 아주 유명하다. 대전으로 팔려간 백구는 마음 좋은 새 주인을 만났지만 진도에 살고 있는 할머니를 잊지 못해서 7개월 동안 300km가 넘는 길을 걸어서 할머니한테 다시 돌아왔다. 이 이야기가 신문에 실리게 되면서 진돗개는 더욱 유명해졌다.

삽살개는 머리가 크고 털이 길어서 사자개라고도 불린다. '삽살' 이라는 이름은 귀신을 쫓는다는 뜻이다. 귀신으로부터 주인을 지켜 주어서 이런 이름을 가지게 되었다고 한다. 귀여운 외모와 달리 아주 용감하며 충성심이 강하다.

풍산개는 주로 북한 지방에서 키우는 사냥개이다. 1999년 평양동물원에서 서울동물원에 네 마리를 보내서 남한에서도 키우게 되었다. 풍산개는 진돗개보다 조금 작지만 풍산개 두 마리만 있으면 호랑이를 잡을 수 있다는 말이 있을 정도로 굉장히 용감하다.

진돗개, 삽살개, 풍산개는 오랜 세월 동안 한국인과 함께 살아왔다. 그런데 최근 그 수가 많이 줄어들어서 국가에서 이 개들을 천연기념물로 지정하여 보호하고 있다.

18

본문

아사코 어제는 그동안의 일이 모두 끝나서 오랜만에 푹 자고 싶었는데 이상한 꿈을 꾸는 바람에 잠을 잘 못 잤어.

상 우 어떤 꿈을 꿨는데?

아사코 집으로 가는데 돼지 한 마리가 나를 계속 따라왔어. 돼지가 집까지 따라 들어오더니 새끼를 열 마리나 낳았어. 그래서 새끼 돼지들을 돌보느라고 얼마나 힘들었는지 몰라.

상 우 아사코, 그거 정말 좋은 꿈이야. 돼지가 새끼를 낳는 꿈을 꾸면 돈이 많이 생긴다고 해. 복권을 한번 사 보지 그래?

아사코 복권? 네 말을 듣고 보니 좋은 꿈인 것 같은데 복권에 당첨될 리가 있겠어? 복권에 당첨되는 건 하늘의 별 따기잖아.

상 우 그런 꿈은 아무나 꾸는 게 아니야. 복권에 당첨된 사람들을 보면 돼지꿈을 꾼 사람들이 많아. 운이 좋으면 당첨될 수도 있어.

아사코 그럼 네 말대로 복권 한 장 사 볼까?

상 우 살까 말까 망설이지 말고 한번 사 봐. 복권에 당첨되고 나서 나를 모르는 척하면 안돼.

아사코 알았어.

대답하세요

① 아사코는 어제 왜 잠을 잘 못 잤습니까?

② 한국 사람들은 돼지꿈에 대해 어떻게 생각합니까?

새끼	돌보다	복권	당첨되다	따다
망설이다	서두르다	주인	직장	분명히
입장권				

문법 및 표현

1. V-는 바람에

- 서둘러 나오는 바람에 지갑을 집에 두고 왔어요.
- 지하철을 잘못 타는 바람에 약속 시간에 늦었습니다.
- 요즘 왜 이렇게 피곤해 보여요?
  - 어머니가 입원하시는 바람에 제가 집안일을 하고 있어요.
-

2. N을/를 돌보다

- 요즘 언니 대신 조카들을 돌보느라 아주 바쁘다.
- 우리 할머니는 주인 없는 개를 돌보고 계십니다.
- 어머니는 아픈 동생을 돌보느라 며칠 동안 잠도 못 주무셨어요.
- 무슨 아르바이트를 하세요?
  - 직장에 다니는 어머니 대신 아이들을 돌보는 일을 하고 있어요.
-

3. A/V -(으)ㄹ 리(가) 없다

• 요즘은 장마철인데 과일이 쌀 리가 없어요.
• 상우 씨가 아무 말도 없이 그냥 떠났을 리가 없어.
• 팀 씨가 비밀을 말할 리가 없어요. 얼마나 입이 무거운 사람인데요.
• 어제 컴퓨터를 켜 놓고 퇴근했더군요.
  – 그럴 리가 없어요. 제가 분명히 확인한걸요.
•

4. 하늘의 별 따기

• 요즘은 취직하기가 하늘의 별 따기라고 합니다.
• 그 공연은 인기가 아주 많아서 입장권 구하기가 하늘의 별 따기예요.
• 이번 여름휴가에는 해운대에 갈까 해요.
  – 거기는 휴가철에 호텔방을 구하는 게 하늘의 별 따기래요.
•

5. A/V-(으)ㄹ 수도 있다

• 사고가 날 수도 있으니까 항상 운전 조심하세요.
• 다음 주에는 제가 바쁠 수도 있으니까 이번 주에 만나는 게 어떨까요?
• 왕단 씨, 오늘 돌려주기로 한 책을 안 가져왔어요. 어떡하죠?
  – 바쁘면 잊어버릴 수도 있죠. 대신 내일 꼭 갖다 주세요.
•

6. V-(으)ㄹ까 V-(으)ㄹ까, V-(으)ㄹ까 말까

• 졸업하고 나서 대학원에 갈까 회사에 취직할까 고민 중이에요.
• 지금 사는 곳은 교통이 불편해서 이사를 할까 말까 생각 중이에요.
• 이사한 집이 덥다면서요?
  – 그래서 에어컨을 살까 말까 생각하고 있어요.
•

종합연습

1. 알맞은 단어를 골라 문장에 맞게 쓰세요.

돌보다	낳다	따다	망설이다

1) 가 : 이 스웨터가 마음에 드는데 가격이 비싸서 살까 말까 생각 중이야.
   나 : 이 정도면 비싼 편은 아니니까 ________ 말고 사.

2) 가 : 연휴 동안 뭐 했어요?
   나 : 시골 할아버지 댁에 가서 사과 ________ 일을 도와 드렸어요.

3) 가 : 오늘 동창회에 갈 수 있지?
   나 : 미안해. 아이를 ________ 사람이 없어서 못 가겠어.

4) 가 : 우리 집 개가 새끼를 다섯 마리 ________.
   나 : 정말 귀엽겠네요. 저에게 한 마리 주면 안돼요?

2. 〈보기〉와 같이 대화를 완성하세요.

보기
가 : 소영 씨가 이 케이크를 만들었다고 해요.
나 : 밥도 못하는 소영 씨가 이것을 혼자 만들었을 리가 없어요.

1) 가 : 어떡하지요? 이번 경기에서 우리가 질 것 같아요.
   나 : 걱정하지 마세요. ________________________.

2) 가 : 내가 보던 잡지 못 봤어요? 아까 책상 위에 두었는데 없어졌어요.
   나 : ________________________. 다시 한번 잘 찾아보세요.

3) 가 : 아사코 씨가 왜 이렇게 안 오지요? 혹시 약속을 잊은 게 아닐까요?
   나 : 이상하네요. 아사코 씨가 ________________________.

4) 가 : 내일 모임이 있는데 상우 씨도 알아요?
   나 : 그럼요, ________________________.

LEVEL 4

3. 〈보기〉와 같이 대화를 완성하세요.

> 보기 가 : 부모님한테 사실대로 말할 거예요?
> 나 : 모르겠어요. 부모님이 아시면 걱정하실 것 같아서 말씀 드릴까 말까 해요.

1) 가 : 이사할 때 냉장고도 가지고 갈 거야?
나 : 글쎄, 너무 오래되어서 ______________________.

2) 가 : 이번 주말에 봉사 활동 갈 거예요?
나 : ______________________.

3) 가 : 발표 준비는 잘 되어 가요?
나 : ______________________.

4) 가 : 지난번에 선본 사람과 계속 만날 거예요?
나 : ______________________.

4. 〈보기〉와 같이 대화를 완성하세요.

> 보기 가 : 배가 고프네요. 먹을 것을 좀 사 올까요?
> 나 : 잠깐만 기다려 보세요. 상우 씨가 사 올 수도 있어요.

1) 가 : 제주도는 여기보다 따뜻하겠지요?
나 : 네, 하지만 생각보다 ______________________.

2) 가 : 시험이 너무 어려웠어요. 저는 합격 못할 것 같아요.
나 : 너무 걱정하지 마세요. ______________________.

3) 가 : 유행이 지난 옷들은 좀 버려야겠어.
나 : 버리지 마. 몇 년 후에 다시 ______________________.

4) 가 : 약속 시간이 1시간이나 지났으니까 안 올 거예요. 우리끼리 갑시다.
나 : 조금만 더 기다려 봐요. ______________________.

5. 다음 문법을 이용해서 대화를 완성하세요.

V-는 바람에	A/V-(으)ㄹ 리(가) 없다
V-(으)ㄹ까 말까	A/V-(으)ㄹ 수도 있다

1) 가 : 농구하다가 다리 다쳤다면서?
   나 : 응, 다른 사람과 ______________________.

2) 가 : 계획대로 내일 출발합니까?
   나 : 네, 하지만 날씨가 나쁘면 ______________________.

3) 가 : 뉴스 들었어요? 버스 요금이 또 오른대요.
   나 : 아닐 거예요. 몇 달 전에 올랐는데 또 ______________________.

4) 가 : 어제 상우 씨와 싸웠다면서요? 화해했어요?
   나 : 아니요, ______________________.
   가 : 그러지 말고 빨리 전화하세요.

6. 꿈에 대해서 이야기해 봅시다.

1) 여러분 나라에도 한국의 돼지꿈처럼 좋은 꿈이 있습니까?

2) 여러분이 꾼 꿈 중에서 가장 재미있었던 꿈은 무엇입니까?

3) 여러분이 꾼 가장 특별한 꿈은 무엇입니까?

7. 친구가 어떤 일을 할까 말까 고민하고 있습니다. 여러분이라면 어떻게 하겠습니까? 이야기해 봅시다.

1) 내가 아주 좋아하는 가수가 다음 주 토요일에 콘서트를 해. 그런데 다음 주 토요일이 할아버지 생신이라서 가족들과 함께 할아버지 댁에 가야 해. 콘서트 구경을 갈까 할아버지 댁을 갈까 생각 중이야.

만일 나라면 ______________________________.

왜냐하면 ______________________________.

2) 친구가 옷을 사려고 하는데 내 생각에 그 옷은 친구에게 별로 어울리지 않아. 그런데 친구는 그 옷이 아주 마음에 든다고 해. 친구에게 그 옷이 어울리지 않는다고 말을 해 줄까 말까?

만일 나라면 ______________________________.

왜냐하면 ______________________________.

3) 친구가 일주일 후에 돌려준다고 하면서 20만 원을 빌려 달라고 해. 나는 그 친구를 믿지만 20만 원은 나에게 아주 큰돈이야. 그래서 친구에게 돈을 빌려 줄까 말까 고민 중이야.

만일 나라면 ______________________________.

왜냐하면 ______________________________.

8. 잘 듣고 물음에 답하세요.

1) 좋은 꿈에는 '좋다'를 나쁜 꿈에는 '나쁘다'를 쓰세요.

① 물에 빠지는 꿈 (　　　)

② 세수를 하는 꿈 (　　　)

③ 돼지가 나오는 꿈 (　　　)

④ 높은 곳에서 떨어지는 꿈 (　　　)

2) 들은 내용과 같은 것을 모두 고르세요.

① 돼지꿈을 꾼 후에는 복권을 사야 한다.

② 꿈 때문에 계획을 바꾸는 사람은 없다.

③ 나쁜 꿈을 꾼 후에도 고민하지 않는 사람이 있다.

④ 태몽은 아기의 엄마뿐만 아니라 다른 사람도 꿀 수 있다.

읽기

♣ 다음 글을 잘 읽고 질문에 대답해 보세요.

복권이 당첨된 두 사람

○ 복권이 당첨되어 불행해진 철수

철수는 아내와 함께 작은 채소 가게에서 일을 하고 있었다. 두 사람은 매일 아침부터 밤까지 열심히 일했지만 늘 가난했다. 철수의 소원은 복권이 당첨되는 것이었다. 복권이 당첨되어 부자가 되면 행복해질 거라고 생각했다. 그래서 철수는 매주 복권을 샀다.

5년 후, 철수의 복권이 당첨되었다. 철수는 평생 동안 일을 하지 않아도 될 정도로 많은 돈을 받았다. 돈을 받자마자 철수와 그의 아내는 일을 그만두었다. 철수는 매일 도박을 했고, 그의 아내는 매일 쇼핑만 했다. 두 사람은 사치와 도박으로 돈을 금방 다 썼다. 그 후, 두 사람은 돈 때문에 서로 싸우다가 이혼을 하게 되었다.

철수에게는 아무것도 남지 않았다. 일도 없고, 돈도 없고, 아내도 떠났다. 모든 것을 잃은 후에 철수는 (㉠   )을 알게 되었다.

○ 복권이 당첨되어 행복해진 영수

영수는 작은 회사에 다니고 있는 평범한 사람이다. 영수는 친구에게서 복권 한 장을 선물로 받았다. 그런데 그 복권이 당첨되어 아주 많은 돈을 받게 되었다. 영수는 많은 돈이 생겼지만 회사를 그만두지 않고 열심히 일을 했다. 그리고 그 돈을 어떻게 쓸 것인지 계획을 세웠다.

그는 먼저 가족과 친한 친구 17명을 데리고 해외여행을 갔다 왔다. 그리고 은행에서 빌린 돈을 모두 갚았다. 가난한 친척들에게도 돈을 나누어 주었다. 당첨금의 50%는 사회에 기부했다. 그리고 남은 돈은 은행에 넣어 두었다. 그는 좋은 차, 좋은 집, 좋은 옷에는 관심이 없었다. 그런 것이 행복의 조건은 아니라고 생각했기 때문이다.

영수는 복권이 당첨되어 행복하다고 말했다. 당첨금으로 빌린 돈을 갚을 수 있었고, 자기 주변에 있는 사람들이 더 행복해졌기 때문이다.

1. ㉠에 들어갈 가장 알맞은 말을 고르세요.

① 돈이 최고라는 것
② 돈이 많으면 행복하다는 것
③ 돈이 행복을 가져다 줄 수 없다는 것
④ 복권이 당첨되는 것이 가장 큰 성공이라는 것

2. 영수가 당첨금으로 한 일이 아닌 것은 무엇입니까?

① 빌린 돈도 갚고 사회에 기부도 하였다.
② 가족들, 친구들과 함께 여행을 다녀왔다.
③ 복권을 선물한 친구에게 당첨금을 주었다.
④ 가난한 사람에게 당첨금을 나누어 주었다.

3. 복권이 당첨된 후, 철수가 불행해진 이유는 무엇입니까?

4. 복권이 당첨된 후, 영수가 행복해진 이유는 무엇입니까?

5. 만약에 여러분이 산 복권이 당첨된다면 어떻게 하겠습니까? 써 보세요.

불행	아내	늘	가난하다	소원
평생	도박	사치	이혼	평범하다
갚다	당첨금			

쉬어 갑시다

화폐 속 인물

화폐는 그 나라를 대표하는 것 중의 하나이다. 그래서 모든 나라는 화폐 속에 자신들의 문화와 역사를 담아 놓았다. 유로(유럽)처럼 문화재가 그려진 화폐도 있지만 대부분의 화폐에는 그 나라의 대표적인 인물들이 그려져 있다. 달러(미국)에는 대통령들이 그려져 있고 파운드(영국)에는 엘리자베스 2세 여왕, 위엔(중국)에는 마오쩌둥, 루피(인도)에는 간디가 그려져 있다. 그렇다면 한국의 화폐에는 어떤 인물들이 그려져 있을까?

만 원짜리 지폐에 그려져 있는 인물은 조선의 네 번째 왕인 '세종대왕'이다. 세종대왕은 한국의 문자인 한글을 만들었을 뿐만 아니라 강우량을 알 수 있는 '측우기'를 세계 최초로 만들었다.

오천 원짜리 지폐에 그려져 있는 '이이'는 조선 시대의 유명한 학자이다. 이이만큼 유명한 사람은 그의 어머니인 신사임당이다. 신사임당은 훌륭한 어머니이자 예술가로 유명한데 오천 원짜리 뒷면에는 그녀가 그린 그림이 있다.

천 원짜리 지폐에 그려진 '이황' 역시 조선 시대의 유명한 학자이다. 그가 학생들을 가르쳤던 곳에 세워진 안동의 도산서원은 지금 유명한 관광지가 되었다.

한국의 화폐에는 유명한 인물과 함께 다양한 문화재가 숨어 있다. 오늘 친구들과 함께 화폐 속에 숨어 있는 문화재를 한번 찾아보는 것은 어떨까?

본문

팀 상우 씨, 어디 좋은 데 갔다 오나 봐요.

상우 '지구의 날' 행사가 있다고 해서 갔다 오는 길이에요.

팀 '지구의 날'이라는 것도 있어요?

상우 네, 미국의 한 환경 보호 단체에서 환경 문제가 얼마나 심각한지를 사람들에게 알리고 환경을 보호하기 위해 정한 날이에요.

팀 그래요? 어떤 행사가 있었어요?

상우 자전거 타기 캠페인, 친환경 제품 홍보 등 지구 온난화에 관한 행사가 많았어요.

팀 지구 온난화를 예방하자는 행사군요. 정말 이대로 가다가는 큰일 날 것 같은데 사람들은 대부분 '어떻게 되겠지.' 하고 생각하는 것 같아요.

상우 맞아요. 오늘 알았는데 지구의 평균 기온이 1도만 올라가도 많은 지역에 물이 부족해지고 기후 변화로 전염병이 많이 생기게 된대요. 2도가 올라가면 더위, 홍수, 가뭄 때문에 사망하는 사람들이 생기고요. 온도가 점점 올라가게 되면 모든 생물들이 사라져 버릴 거예요.

팀 생각만 해도 무섭네요.

대답하세요

① '지구의 날'을 정한 이유는 무엇입니까?
② 지구 온난화를 예방하는 행사에는 어떤 것들이 있습니까?
③ 지구의 평균 기온이 1도 올라가면 어떤 일이 생깁니까?

행사	보호	단체	캠페인	친환경	홍보
온난화	예방하다	이대로	평균	지역	부족하다
기후	전염병	홍수	가뭄	사망	생물
들르다	환율				

문법 및 표현

1. 어디, 무엇, 언제, 누구

- 거기 누구 없어요? 이거 좀 도와줘요.
- 갑자기 일이 생겨서 어디 좀 갔다 오느라고 늦었어요.
- 다음 달에 떠난다고요? 가기 전에 언제 식사라도 같이 해요.
- 음식이 입에 맞지 않아요? 왜 이렇게 못 먹어요?
  - 오기 전에 뭘 좀 먹었더니 배가 불러서요.
-

2. V-는 길

- 친구가 병원에 입원해서 병문안 갔다 오는 길이에요.
- 외출한다고 했지? 나가는 길에 이것 좀 세탁소에 맡겨 줄래?
- 이번 출장은 왜 이렇게 길어요?
  - 지난 설에 고향에 못 가서 출장 가는 길에 고향에 들렀다 오려고 해요.
-

3. 한 N

- 한 학생이 와서 김 선생님을 찾았어요.
- 물에 빠진 아이는 한 소방관의 도움으로 병원으로 옮겨졌다.
- 옛날 한 마을에 할아버지와 할머니가 살고 있었다.
-

4. 이대로, 그대로, 저대로

- 이대로 그려 주세요.
- 밥을 방으로 갖다 줄까?
  - 아니요, 식탁에 그대로 두시면 제가 가서 먹을게요.
- 동생은 시험에 합격했어요?
  - 이번에도 시험에 떨어졌어요. 저대로 포기하는 건 아닌지 걱정이에요.
-

5. V-다가는

- 그만 좀 먹어. 그렇게 아이스크림을 많이 먹다가는 감기에 걸릴 거야.
- 이렇게 천천히 준비하다가는 차를 놓칠 거예요. 빨리 서둘러요.
- 그렇게 밤마다 전화를 하다가는 전화 요금이 많이 나올 텐데 어떻게 하려고 그래요?
-

6. 큰일 나다, 큰일이다

- 요즘 환율이 너무 올라서 큰일이에요.
- 큰일 날 일인 줄 알면서 왜 술을 마시고 운전을 한 거니?
- 도서관에서 빌린 책을 잃어버렸어요. 어떻게 하면 좋아요?
  - 큰일 났군요. 어디에서 잃어버렸는지 잘 생각해 보세요.
-

7. V-어/아 버리다

- 그 친구가 나의 비밀을 말해 버려서 너무 화가 나요.
- 몇 번이나 약속을 했는데 그걸 잊어버리다니 어떻게 그럴 수가 있어요?
- 5분밖에 안 늦었는데 전화도 안 받고 그렇게 가 버리면 어떻게 하니?
-

종합연습

1. 〈보기〉와 같이 대화를 만드세요.

> 보기
> 가 : 책 사러 시내에 나가려고 했는데 갑자기 일이 생겼어.
> 나 : 시내에 나가는 길이니까 내가 사 올게요.

1) 가 : 제니퍼 씨가 도서관 앞에서 기다리고 있던데 왜 아직 여기 있어요?
   나 : 지금 ______________________________.

2) 가 : 아이가 아프다고 하더니 병원에는 다녀왔어요?
   나 : 지금 ______________________________.

3) 가 : 왜 이렇게 늦었어요?
   나 : ____________________ 친구를 잠깐 만났어요.

4) 가 : 투이 씨가 전화를 안 받네요. 전해 줘야 하는 물건이 있는데.
   나 : ______________________________.

2. 〈보기〉와 같이 대화를 만드세요.

> 보기
> 가 : 잘 다니던 회사를 왜 그만둔 거예요?
> 나 : 너무 힘들어서 계속 다니다가는 건강이 나빠질 것 같아서요.

1) 가 : 비가 너무 많이 오네요. 모레까지 계속 온다는데 걱정이에요.
   나 : ______________________________.

2) 가 : 요즘 여자 친구랑 너무 자주 싸우는 거 아니니?
   나 : ______________________________.

3) 가 : 아버지가 요즘 담배를 너무 많이 피우시는 것 같아 걱정이에요.
   나 : 맞아. ______________________________.

4) 가 : 우리 아이가 텔레비전을 너무 오랫동안 봐서 걱정이에요.
   나 : ______________________________.

3. 〈보기〉와 같이 대화를 만드세요.

보기 가 : 공무원 시험 준비를 한다고 하더니 공부 잘 돼요?
나 : 아니요, 너무 어려워서 포기해 버렸어요.

1) 가 : 그 뮤지컬 인기가 많던데 예매는 했어요?
나 : 예매하러 갔는데 벌써 표가 ________________.

2) 가 : 어제 늦게까지 일을 하더니 그 일을 다 끝냈어요?
나 : 아니요, 너무 잠이 와서 ____________. 그래서 아직 하고 있어요.

3) 가 : 내일 아침에 먹으려고 빵을 사 두었는데 누가 먹었니?
나 : 배가 너무 고파서 내가 ________________.

4) 가 : 제니퍼 씨에게 우리가 생일 파티 준비하는 걸 말하면 안 돼요.
나 : 미안해요. 벌써 ________________.

4. 알맞은 단어를 골라 문장에 맞게 쓰세요.

홍보　　예방　　지구 온난화　　가뭄

1) 가 : 무슨 병이든지 치료보다 __________이/가 중요한 것 같아요.
나 : 맞아요. 나도 그렇게 생각해요.

2) 가 : 비가 안 온 지 오래되어서 물이 부족하대요.
나 : 이렇게 __________이/가 계속되면 정말 큰일이에요.

3) 가 : 해마다 기온이 올라가는 것 같아요.
나 : __________ 때문에 여러 가지 문제가 많다는데 큰일이에요.

4) 가 : 오늘 영화배우가 직접 그 영화 __________을/를 하러 문화극장에 온대요.
나 : 정말요? 몇 시에 온대요?

5. 다음 문법을 이용해서 대화를 완성하세요.

V-어/아 버리다　　V-다가는　　V-는 길

1) 가 : 우리나라도 물이 부족하다는 거 알아요?
나 : 네, 이렇게 계속 물을 많이 ________ 마실 물도 부족해진대요.

2) 가 : 조금 전에 버스 타러 간다고 하더니 아직 기다리고 있어요?
나 : 네, 버스를 ________ 다음 버스를 기다리고 있어요.

3) 가 : 오늘 도서관에 공부하러 갈 거지? 내 책 좀 반납해 주면 안 될까?
나 : 좋아. ________ 내가 반납해 줄게.

6. 알맞은 단어를 골라 문장에 맞게 쓰세요.

어디　　무엇　　누구　　언제

1) 가 : 아직 한 번도 한옥을 본 적이 없어요.
나 : 그래요? ________ 나랑 같이 안동에 한옥을 보러 가요.

2) 가 : 아직도 그 사람을 못 잊고 있는 거니?
나 : 곧 괜찮아지겠죠. ________ 여행이나 갈까 하는데 같이 갈래요?

3) 가 : 영화가 시작되려면 아직 1시간 정도 기다려야 돼.
나 : 그럼, 우리 ________ 좀 먹을까?

4) 가 : 주말에 할머니 댁에 간다면서? 그럼 아르바이트는 어떻게 해?
나 : 대신해 줄 사람을 구하고 있는데 ________ 없을까?

7. 친구들과 함께 이야기해 봅시다.

1) 환경오염의 원인이 무엇인지 생각해 봅시다.

물 오염	대기 오염
• 샴푸나 비누를 많이 쓴다.	• 자동차가 많아졌다.
•	•
•	•
•	•
•	•
•	•

2) 여러분이 환경을 보호하기 위해 할 수 있는 일은 무엇입니까?

8. 잘 듣고 물음에 답하세요.

1) 들은 내용과 다른 것을 고르십시오.

① 남자는 내일 학교에 올 때 차를 가져올 것이다.

② '차 없는 날' 에는 버스나 지하철 등을 이용한다.

③ 여자는 '차 없는 날' 에 지하철을 타고 학교에 올 것이다.

④ 두 사람이 다니는 학교에는 한 달에 한 번 '차 없는 날' 이 있다.

2) '차 없는 거리' 는 어떤 곳입니까?

3) '차 없는 날' 을 정한 이유는 무엇입니까?

읽기

♣ 다음 글을 읽고 질문에 대답하십시오.

'지구 시간(Earth Hour)'을 지키자

3월 마지막 토요일 '지구 시간의 날'에는 지구가 어두워진다. '지구 시간의 날'은 에너지를 절약하여 기후 변화를 막자는 뜻에서 호주의 시드니에서부터 시작되어 전 세계적으로 확산된 행사이다.

2007년 3월 31일 토요일에 시드니에서 전깃불을 끄는 캠페인이 있었는데 220만 명이 참여해서 30분 동안 전기 에너지 사용량을 10.2%나 줄였다고 한다.

다른 나라에서도 이 캠페인에 관심을 가지게 되면서 2009년에는 전 세계 84개 나라 2800여 개 도시에서 현지 시간으로 오후 8시 30분부터 한 시간 동안 전깃불을 끄는 데 동참하였다. 이집트의 피라미드, 시드니의 오페라하우스와 베이징의 올림픽 경기장 등 세계적으로 유명한 관광지와 건물도 이날 이 시간에는 불을 끔으로써 행사에 동참했다.

우리가 일 년에 하루, 한 시간 동안 불을 켜지 않는다고 해서 지구 온난화가 갑자기 멈추지는 않을 것이다. 하지만 '지구 시간'을 지킴으로써 지구 전체가 지구 온난화 방지에 적극적으로 동참하려는 의지를 가지고 있음을 확인하고 에너지를 아껴야겠다는 생각을 할 수 있는 시간이 될 것이다. 우리가 지구의 미래를 걱정하고 우리가 할 수 있는 일을 찾아 실천한다면 모두가 걱정하는 일은 생기지 않을 것이다.

1. '지구 시간의 날'에는 왜 지구가 어두워집니까?

2. '지구 시간의 날'은 왜 생겼습니까?

3. 글의 내용과 다른 것을 고르십시오.

① 시드니에서 '지구 시간의 날'이 시작되었다.
② 3월의 마지막 토요일은 '지구 시간의 날'이다.
③ '지구 시간의 날'에는 하루 동안 전기를 사용하지 않는다.
④ '지구 시간의 날'을 지키는 것은 온난화 방지에 동참하는 것이다.

4. 지구 온난화를 막기 위해 우리가 할 수 있는 일에는 어떤 것이 있는지 이야기해 봅시다.

1) 버스나 지하철 이용하기
2)
3)
4)
5)

에너지	막다	확산되다	전깃불	사용량
현지	동참하다	멈추다	적극적	의지

쉬어 갑시다

물을 물 쓰듯 하지 말자

한국어 표현 중에 "물 쓰듯"이라는 말이 있다. 물건이나 돈을 아끼지 않고 물을 쓰는 것처럼 낭비한다는 뜻이다. 이렇게 우리는 물은 아끼지 않아도 되는 것으로 생각하고 마음껏 썼다. 물은 항상 충분하고, 쓰고 나면 또 생기는 것인 줄 알았다.

우리가 사는 지구의 70%가 물이다. 그 중에 97%가 바닷물이고 2%는 빙하이며, 우리가 사용할 수 있는 물은 1%밖에 안된다. 그런데 최근 여러 가지 이유로 우리가 사용할 수 있는 물이 더 부족해졌다. 인구 증가와 산업화로 물 사용량은 많아졌는데 환경오염 때문에 깨끗한 물은 줄어들었기 때문이다. 또한 생활환경이 도시화되면서 지하수가 부족해진 것도 그 이유이다.

물이 부족해지면 생활이 불편해지는 것은 물론이고 여러 가지 질병의 원인이 되기도 한다. 지금도 전 세계에서 11억 명 이상이 물 부족으로 고생하고 있으며 1년에 500만 명 이상이 사망한다고 한다. 시간이 지날수록 물은 점점 더 부족해질 것이고 21세기 중반이 되면 60개국, 70억 명의 사람들이 물 부족으로 고생하게 될 것이라고 한다.

UN은 3월 22일을 '세계 물의 날'로 정했다. 전 세계가 물의 소중함을 생각하며, 물을 절약하고 물 오염을 방지하기 위해 다 함께 노력하자는 뜻이다. 이제는 더 이상 물을 물 쓰듯 해서는 안된다. 국가에서 깨끗한 물을 잘 관리하는 것도 중요하지만 우리가 실천해야 하는 일도 많다. 목욕한 물로 청소를 하고, 컵에 물을 받아서 이를 닦는 등 한 방울의 물이라도 아껴 쓰는 것이다. 물을 아껴 쓰는 것은 우리의 미래를 위해서 더 미룰 수 없는 시급한 일이다.

본문

옛날에 삼년고개라는 언덕이 있었다. 그 언덕에서 구르면 삼 년밖에 살지 못한다고 해서 삼년고개라고 불렀다.

어느 날 할아버지 한 분이 삼년고개를 지나가는데 토끼가 갑자기 나타났다. 할아버지는 깜짝 놀라서 넘어지고 말았다. 그리고 언덕 아래로 데굴데굴 굴렀다. 그 후 할아버지는 삼 년밖에 살지 못할까 봐 밥도 못 먹고 걱정만 하다가 결국 병이 났다. 할아버지의 아들은 유명한 의원들을 불러 할아버지를 진찰하게 했다. 그렇지만 모든 의원들은 할아버지가 무슨 병에 걸렸는지 모르겠다고 했다.

며칠 후 할아버지의 소문을 듣고 한 아이가 찾아왔다. 그 아이는 할아버지에게 같이 삼년고개에 가자고 했다. 할아버지는 가기 싫다고 했지만 아이는 할아버지를 억지로 삼년고개로 모시고 갔다. 그리고 할아버지한테 삼년고개에서 한 번 더 구르시라고 했다.

"뭐라고? 이 언덕에서 한 번 구르면 삼 년밖에 살지 못하는데 또 구르라는 게 말이 돼?"

할아버지가 화를 내면서 집으로 돌아가겠다고 하자 아이는 이렇게 말했다.

"할아버지, 이 언덕에서 한 번 구르면 삼 년밖에 못 산다면서요? 그러면 두 번 구르면 육 년, 세 번 구르면 구 년을 살 수 있는 거 아니에요?"

아이의 말을 들은 할아버지는 고개를 끄덕였다. 그리고 기뻐하면서 삼년고개에서 데굴데굴 굴렀다.

"얘야, 네 말대로 했더니 병이 다 나은 것 같구나. 이제 백 살까지 살 수 있겠어. 허허허."

그 후 할아버지는 건강하게 오래오래 살았다.

대답하세요

① 사람들이 그 언덕을 왜 삼년고개라고 불렀습니까?

② 할아버지는 왜 병이 났습니까?

③ 아이가 할아버지를 삼년고개로 모시고 간 이유는 무엇입니까?

고개	언덕	구르다	나타나다	넘어지다	데굴데굴
결국	의원	진찰하다	소문	억지로	고개
끄덕이다					

문법 및 표현

1. V-고 말다

- 늦잠을 자는 바람에 기차를 놓치고 말았어.
- 참으려고 했는데 친구에게 화를 내고 말았어요.
- 친구와 한 약속을 깜빡 잊어버리고 말았어요. 큰일이에요.
- 소영 씨, 요즘 무슨 걱정이라도 있어요?
  - 이번 달 생활비를 벌써 다 써 버리고 말았어요.
-

2. 결국

- 사람들 앞에서 울지 않으려고 했지만 결국 울고 말았다.
- 그는 고등학교를 졸업하지 못했지만 열심히 노력해서 결국 성공했다.
- 어릴 때부터 책을 좋아하던 동생은 결국 소설가가 되었다.
- 김 선생님 이야기 들었어요?
  - 네, 아픈 몸으로 환자들을 돌보시다가 결국 병이 나셨대요.
-

3. V-게 하다

- 할아버지가 손자에게 노래를 부르게 하셨다.
- 우리는 할머니를 빈자리에 앉으시게 했습니다.
- 어머니는 아이에게 아이스크림을 못 먹게 했습니다.
- 어릴 때 어머니는 나에게 그림을 많이 그리게 하셨다.
-

4. 억지로

- 울고 싶은데 억지로 참고 있어요.
- 약을 먹어야 하기 때문에 억지로 밥을 먹었습니다.
- 억지로 하는 일은 즐겁게 하는 일보다 결과가 좋지 않다.
- 우유가 건강에 좋기는 하지만 억지로 마실 필요는 없어요.
-

5. V-자

- 창문을 열자 시원한 바람이 불어 왔다.
- 라디오를 켜자 내가 좋아하는 노래가 나왔다.
- 봄이 되자 공원에는 산책하는 사람들이 많아졌다.
- 공연이 끝나자 모든 사람들이 일어서서 박수를 치기 시작했다.
-

6. V-았/었더니

- 장학금을 탔더니 어머니가 좋아하셨어요.
- 티누에게 전화했더니 아파서 오늘은 못 온대요.
- 창문을 열어 놓은 채로 잤더니 감기에 걸리고 말았다.
- 친구들끼리 여행 간다고 했더니 부모님이 안된다고 하셨습니다.
-

의성어, 의태어

1. 의성어(소리를 나타내는 표현)

하하

쿨쿨

엉엉

에취

빵빵

똑똑

야옹

멍멍

꿀꿀

2. 의태어(모양을 나타내는 표현)

끄덕끄덕

꾸벅꾸벅

콩닥콩닥

아장아장

성큼성큼

살금살금

살랑살랑

반짝반짝

뻘뻘

종합연습

1. 〈보기〉와 같이 대화를 완성하세요.

> 보기
> 가 : 이번 시험에 붙었어요?
> 나 : 아니요, 공부를 많이 안 해서 떨어지고 말았어요.

1) 가 : 어제 축구 경기는 어떻게 됐어요?
   나 : 열심히 했지만 ______________________________.

2) 가 : 기분이 안 좋아 보여요. 무슨 일이 있어요?
   나 : 아끼던 그릇을 ______________________________.

3) 가 : 왜 그렇게 얼굴이 안 좋아요?
   나 : 5년 동안 키우던 고양이가 ______________________________.

4) 가 : 왜 대구에서 안 내리고 부산까지 갔어요?
   나 : 친구랑 전화를 하다가 ______________________________.

2. 〈보기〉와 같이 대화를 만드세요.

> 보기
> 가 : 여름 방학에 같이 배낭여행을 갈 수 있어요?
> 나 : 나는 가고 싶은데 엄마가 못 가게 하세요.

1) 가 : 음료수가 없는데 제가 슈퍼에 가서 얼른 사 올게요.
   나 : 친구에게 전화해서 오는 길에 ______________________________.

2) 가 : 아이가 감기에 걸렸어요. 어떻게 하지요?
   나 : 이 약을 먹이시고 차가운 것은 ______________________________.

3) 가 : 민지 씨는 자전거를 못 타요?
   나 : 네, 배우고 싶었는데 어머니께서 ______________________________.

4) 가 : 우리 아이가 요즘 많이 피곤해하는 것 같아요.
   나 : 시험도 끝났으니까 ______________________________.

3. 〈보기〉와 같이 문장을 완성하세요.

> 보기 음악이 나오자 아이가 춤을 추기 시작했습니다.

1) 문을 열자 ______________________________.

2) 텔레비전을 켜자 ______________________________.

3) 경찰이 나타나자 ______________________________.

4) 퇴근 시간이 되자 ______________________________.

5) 아이가 울자 ______________________________.

4. 〈보기〉와 같이 문장을 완성하세요.

> 보기 오랜만에 등산을 했더니 다리가 아파요.

1) 주말에 계속 컴퓨터를 했더니 ______________________________.

2) 친구에게 사전 좀 빌려 달라고 했더니 ______________________________.

3) ______________________________ 목이 아파요.

4) ______________________________ 화를 내면서 나갔어요.

5) ______________________________ 조금만 기다려 달라고 했어요.

LEVEL 4

5. 잘 듣고 물음에 답하세요.

1) 김아영 선수에 대한 내용으로 틀린 것을 고르십시오.

① 진통제를 먹고 경기를 했다.

② 이번 동계 올림픽에서 우승을 했다.

③ 대회 중에 다리를 다쳐서 고생을 했다.

④ 어렸을 때 그녀의 별명은 '스케이트의 여왕' 이었다.

2) 들은 내용으로 알 수 없는 것을 고르십시오.

① 이번 동계 올림픽이 열린 장소

② 아프리카 사람들이 코끼리를 잡는 법

③ 김아영 선수가 끝까지 포기하지 않은 이유

④ 국민들이 김아영 선수에게 붙여 준 별명들

3) 기자의 마지막 질문에 대한 김아영 선수의 대답으로 적당한 내용은 무엇입니까?

① 휴가 일정　　② 참가 예정 대회

③ 각종 국제경기 일정　　④ 연습 방법 및 시간

6. 이야기 순서대로 번호를 쓰세요.

1) 	2) 
3) 	4) 
5) 	6) 

(　　) → (　　) → (　　) → (　　) → (　　) → (　　)

읽기

♣ 다음 글을 읽고 질문에 대답하십시오.

옛날 백제에 아사달과 아사녀가 살았는데 두 사람은 사랑하는 사이였다. 어느 날 아사달은 석가탑을 만들기 위해 신라로 떠나게 되었다. 아사녀는 백제에 남아서 아사달을 기다리기로 했다. 그러나 몇 달이 지나도록 아사달에게서는 아무 소식도 없었다. 아사달이 너무 보고 싶었던 아사녀는 아사달을 찾아가기로 마음먹었다.

아사녀는 신라에 도착하자마자 아사달이 일하고 있는 불국사를 찾아갔다. 그러나 아사녀는 아사달을 만날 수 없었다. 불국사의 스님은 아사녀가 절로 들어가지 못하게 했기 때문이었다.

"탑이 완성되기 전까지 여자는 절 안에 들어올 수 없습니다."

그래도 아사녀는 아사달을 만나기 위해 매일 절로 찾아가서 들어가게 해 달라고 부탁했다. 그러자 스님이 아사녀에게 말했다.

"여기에서 가까운 곳에 연못이 하나 있습니다. 탑이 완성되면 그 연못에 탑 그림자가 보일 테니까 그때 오십시오."

그때부터 아사녀는 날마다 탑 그림자를 찾으려고 하루 종일 연못가에 앉아 있었다. 그렇지만 아무리 들여다보아도 탑 그림자는 비치지 않았다. 아사녀는 밥도 먹지 않고 잠도 자지 않고 연못가에서 아사달만 생각했다. 그러던 어느 날 아사녀는 꿈을 꾸게 되었다. 그녀의 꿈에서는 연못에 탑 그림자가 보이고 아사달의 얼굴도 보였다. 아사녀는 너무 반가워서 아사달에게 달려갔다. 아사녀는 그렇게 연못에 뛰어들어서 죽고 말았다.

탑을 완성한 아사달은 아사녀를 만나러 연못으로 갔다. 그러나 아사녀는 이미 죽은 후였다. 아사달은 너무나 슬퍼서 연못에 뛰어들었다. 그런데 신기하게도 그 탑은 그림자가 연못에 비치지 않았다. 그래서 사람들은 석가탑을 무영탑이라고 불렀다. 무영탑은 그림자가 없는 탑이라는 뜻이다.

1. 신라에 도착한 아사녀는 왜 아사달을 만날 수 없었습니까?

① 불국사를 못 찾아서
② 아사달이 할 일이 많아서
③ 아사달이 어디에 있는지 몰라서
④ 탑이 완성되기 전에 여자는 절에 들어갈 수 없어서

2. 아사녀는 왜 연못가에 앉아 있었습니까?

3. 이 글의 내용과 맞는 것을 고르세요.

① 불국사에는 석가탑과 무영탑이 있다.
② 아사달과 아사녀 모두 연못에서 죽었다.
③ 아사달은 신라 사람이고 아사녀는 백제 사람이다.
④ 탑이 완성되자 아사달과 아사녀는 행복하게 살았다.

4. 위 글에서 석가탑의 다른 이름을 찾아 쓰세요.

____

백제	사이	떠나다	소식	스님	절
완성되다	그래도	연못가	그림자	들여다보다	비치다
달려가다	무영탑				

쉬어 갑시다

효과적인 읽기 방법

어떻게 하면 글을 효과적으로 읽을 수 있을까? 읽기를 잘할 수 있는 몇 가지 효과적인 방법들을 소개하면 다음과 같다.

○ 읽기 전

1. 첫 문단이나 마지막 문단을 먼저 읽는다. 글의 중요한 내용은 첫 부분이나 마지막 부분에 나오는 경우가 많다.
2. 각 문단의 첫 번째 문장을 읽어 본다. 전체 글과 마찬가지로 문단의 중요한 내용도 첫 번째 문장에 나와 있는 경우가 많다.
3. 제목, 표, 그림을 먼저 보는 것도 좋은 방법이다. 제목이 글의 중심 내용이 되는 경우가 많으며 표나 그림을 통하여 중요한 내용을 추측해 볼 수 있기 때문이다.

○ 읽기 중

1. 글을 읽으면서 각 문단에서 가장 중요한 단어에 동그라미를 하거나 중심 문장에 밑줄을 긋는다. 이렇게 하면 글의 내용을 파악하기가 쉽다.
2. 문장들 간의 관계를 파악하는 것도 좋은 방법이다. 앞뒤 문장의 관계가 원인과 결과인지, 예를 들어 설명하는 것인지, 또는 자세히 설명하는 것인지를 파악하면서 읽는다.
3. 글을 읽으면서 메모를 하는 것도 좋은 방법이다. 중요한 내용을 적어도 되고 읽으면서 궁금하게 생각한 것을 적어도 좋다.

○ 읽기 후

1. 전체 글을 몇 부분으로 나누어 각 부분의 중심 내용이 무엇인지 알아본다.
2. 전체 글을 간단하게 요약한다.
3. 자신의 생각을 글쓴이의 생각과 비교해 본다.

듣기 지문

1과 시간뿐만 아니라 돈도 절약할 수 있군요

소 피 샤오밍 씨, 인터넷 서점에서 책 사 본 적 있어요?

샤오밍 네, 가끔 이용하는데요.

소 피 책을 직접 보고 사는 것이 아닌데 괜찮아요?

샤오밍 그럼요, 그런 것은 걱정하지 않아도 괜찮아요. 자기가 원하는 책이 아니면 교환할 수 있어요. 깨끗하지 않은 책이 도착했을 때에도 교환할 수 있고요.

소 피 그런데 책을 받을 때까지 시간이 오래 걸리잖아요.

샤오밍 네. 하지만 인터넷 서점을 이용하면 편리한 점이 참 많아요. 일부러 시간을 내서 서점에 가지 않아도 될 뿐만 아니라 서점보다 싸게 살 수도 있어요. 또 인터넷 서점을 이용할 때마다 점수를 주는데 나중에 그 점수로 책을 살 수도 있어요.

소 피 인터넷 서점을 이용할 때 안 좋은 점도 있나요?

샤오밍 명절이나 휴일에는 택배 회사가 쉬니까 배송이 늦어질 때도 있어요. 그럴 때는 좀 오래 기다려야 해요.

소 피 그럼 샤오밍 씨는 항상 인터넷 서점만 이용해요?

샤오밍 아니요, 전 책 냄새를 좋아해서 도서관이나 서점에 자주 가요. 책이 많은 곳에서 책을 읽고 있으면 기분이 좋아지거든요.

소 피 그래서 도서관에 자주 가는군요. 전 샤오밍 씨가 좋아하는 사람이 도서관에 있는 줄 알았어요.

샤오밍 하하하, 뭐라고요?

2과 3억 원을 기부했다고요?

소영 피터 씨, 음식을 왜 그렇게 많이 남겼어요?

피터 더 못 먹겠어요. 이건 그냥 버려야겠어요.

소영 먹을 것이 없어서 죽는 사람들도 많은데 음식을 버리면 안되죠.

피터 먹을 게 없어서 죽는 사람들이 있다고요?

소영 그럼요, 아프리카에는 먹을 것이 없어서 병에 걸리거나 죽는 어린이들이 해마다 늘고 있어요. 우유가 없어서 죽는 어린이가 1년에 전 세계에 560만 명이나 된대요.

피터 그렇게 많은 어린이들이 먹을 것이 없어서 죽는 줄 몰랐어요. 듣고 보니 부끄럽네요.

소영 텔레비전에서 봤는데 사만 원이면 한 어린이에게 우유를 일주일 동안 줄 수 있대요.

피터 혹시 그런 아이들을 어떻게 도울 수 있는지 알아요?

소영 인터넷으로 검색해 보면 도움이 필요한 세계의 어린이들의 이야기를 사진이나 비디오로 볼 수 있어요. 그리고 돕는 방법이 자세히 나와 있어요.

피터 소영 씨는 그런 곳을 통해 다른 나라에 있는 어린이들을 도운 적이 있어요?

소영 네, 얼마 전에 전쟁으로 살 곳이 없어진 아이들이 있다고 해서 돈을 조금 보낸 적이 있어요. 물론 나도 아직 학생이라서 많이 도울 수는 없지만 다른 사람들을 도울 수 있어서 참 좋아요.

3과 한여름의 더위를 잊을 정도예요

선생님 지난 시간에 봄에 열리는 축제에 대해 알아 오라고 했지요? 그럼 한 사람씩 돌아가며 발표해 볼까요?

학생 1 저는 춘천 마임 축제를 소개하고 싶어요. 춘천은 닭갈비로도 유명하지만 매년 5월 마지막 주에 열리는 마임 축제로도 유명해요. 밤부터 새벽까지 공연이 계속되는데 마임뿐만 아니라 연극, 춤 등 볼거리가 아주 많아요.

학생 2 봄에는 벚꽃 축제가 가장 대표적인 축제라고 생각해요. 벚꽃 축제는 전국 여러 곳에서 열리는데 그 중에서도 3월 말부터 4월 초까지 열리는 진해 벚꽃 축제가 가장 오래 되었고 또 유명해요. 예쁘게 핀 벚꽃도 구경할 수 있고 여러 가지 문화예술 공연도 볼 수 있어서 매년 200만 명이 넘는 관광객이 진해를 다녀간대요.

학생 3 저는 재미있는 축제가 있다고 해서 알아봤어요. 지난 3월 말에 서울에서 떡볶이 축제가 처음으로 열렸대요. 이 축제에서는 누구나 참여할 수 있는 떡볶이 만들기 대회가 열렸고 시민들에게는 다양한 요리법으로 만든 떡볶이를 나눠 주는 시간도 있었대요. 축제 기간 동안 유명한 가수의 공연도 있어서 공연을 즐기면서 맛있는 떡볶이를 먹으려고 많은 사람들이 모였다고 해요.

4과 자전거는 어디에나 세울 수 있어서 좋아요

진행자 안녕하세요? '건강하게 삽시다' 정민경입니다. 요즘 감기에 걸리신 분이 많으시죠? 겨울이 지나고 봄이 시작되는 요즘이 특히 감기를 조심해야 할 때인 것 같습니다. 그래서 오늘은 어른들보다 몸이 약한 아이들의 건강을 위해 문화병원에 계시는 김민준 교수님을 모시고 말씀을 들어 보겠습니다. 안녕하십니까, 교수님?

김민준 네, 안녕하세요?

진행자 요즘 같은 날씨에는 아이들이 감기에 걸리기가 쉬운데요, 어떻게 하면 감기에 걸리지 않고 건강하게 봄을 지낼 수 있을까요?

김민준 요즘처럼 감기가 유행하는 계절에는 가능하면 밖에 나가지 않는 것이 좋습니다. 아이들이 밖에 나갔다 돌아오면 손과 발을 깨끗하게 씻기세요. 그리고 집안을 따뜻하게 해 주시고 옷도 따뜻하게 입히시는 것이 좋습니다.

진행자 그렇군요. 그리고 또 어떤 방법이 있을까요?

김민준 집안을 항상 깨끗하게 청소하는 것이 중요합니다. 특히 아버님들께서는 집안에서 담배를 피우시면 안됩니다. 그리고 날씨가 쌀쌀해도 하루에 한 번은 창문을 열어서 집안의 공기를 바꿔 주는 것이 좋습니다. 아이가 목이 아프다고 하면 따뜻한 차를 자주 먹이시고 차가 없으면 따뜻한 물을 먹이는 것도 좋습니다.

진행자 네, 교수님 말씀 감사합니다. 오늘은 김민준 교수님을 모시고 우리 아이들이 감기에 걸리지 않는 방법에는 어떤 것들이 있는지 알아보았습니다. 오늘 교수님의 말씀이 많은 도움이 되었으면 좋겠습니다.

5과 우리 모두의 노력에 달려 있다

쓰레기 분리수거 방법에 대해서 안내해 드리겠습니다. 잘 듣고 쓰레기를 버릴 때 주의해 주시기 바랍니다. 먼저 신문 및 잡지 등의 종이는 잘 모아 주시고 물과 비에 젖지 않도록 해 주십시오. 젖은 종이는 재활용될 수 없습니다. 플라스틱으로 만든 물건은 플라스틱끼리 모아서 버려 주십시오. 단추나 전화기는 플라스틱으로 만든 것이지만 재활용할 수 없습니다. 맥주나 음료수 캔은 물에 씻은 후에 눌러서 버려 주십시오. 맥주병이나 주스 병 등도 물에 씻은 후에 병끼리 모아 주시면 됩니다.

마리 말이 너무 빨라서 잘 못 들었어요. 분리수거에 대한 안내였지요? 그런데 플라스틱은 재활용할 수 없어요?

민수 아니요, 플라스틱은 완전히 없어지는 데 아주 많은 시간이 걸리기 때문에 재활용해야 해요. 하지만 모든 플라스틱을 재활용할 수 있는 것은 아니에요.

마리 그럼 어떤 플라스틱을 재활용할 수 없나요?

민수 전화기나 단추는 플라스틱으로 만들었지만 재활용할 수 없다고 했어요.

마리 그렇군요. 분리수거 할 때 조심해야겠어요.

6과 우리는 직업을 통해서 자신의 꿈을 실현한다

소영 상우가 갑자기 전화해서 오늘 저녁에 만나자고 하던데 무슨 일일까?

팀 아마 직장 문제 때문일 거야. 요즘 상우가 직장을 바꾸는 일로 고민하고 있거든.

소영 정말이야? 상우는 지금 하고 있는 일이 마음에 든다고 했잖아. 그림 그리는 일이 취미인 상우가 디자인 회사에 취직했을 때 굉장히 기뻐하던 일이 지금도 생각나.

팀 나도 그래. 그때 모두 모여서 상우의 취직을 축하해 줬는데……. 그렇지만 상우는 요즘 회사를 바꾸고 싶어해. 그래서 너를 만나려는 걸 거야. 작년에 너도 회사 바꾸는 일로 고민했었잖아.

소영 그때가 벌써 일 년 전이구나. 그때 나도 정말 고민이 많았어. 지금 생각하면 그때 잘 옮긴 것 같아. 그렇지 않았으면 지금도 회사를 옮기는 문제로 고민하고 있을 거야.

팀 너는 그 전까지 잘 다니고 있던 회사를 왜 옮긴 거야?

소영 그때 내가 하던 일이 적성에 맞지 않았거든.

팀 그랬구나. 상우는 일은 재미있는데 같이 일하는 사람들 때문에 힘들어하는 것 같았어.

소영 그건 정말 중요한 문제야. 물론 적성도 중요하지만 어떤 사람과 같이 일하느냐에 따라 일의 결과도 달라지니까 말이야.

7과 기쁨은 나눌수록 커지잖아요

상 우 아사코 씨, 피곤하지요? 처음이라서 많이 힘들었을 것 같아요.

아사코 아니에요. 식사 준비한 거밖에 별로 한 일도 없는데요. 상우 씨야말로 할아버지들을 목욕시켜 드리고 청소도 하고 빨래도 하고……. 이런 일들을 매주 어떻게 해요? 힘들지 않아요?

상 우 처음 한 달은 아주 힘들고 피곤했어요. 그런데 1년 넘게 하다 보니 이제는 주말에 할아버지, 할머니들께 안 가면 마음이 불편해요. 할 수 있다면 더 많이 도와 드리면서 살고 싶다는 생각이 들어요.

아사코 다음 주에도 같이 와요. 사실은 오늘 할아버지, 할머니들과 함께 지내면서 많은 생각을 하게 되었어요. 나이가 많으신 분들이 이곳에서 외롭게 생활하신다고 생각하니 마음이 아팠어요.

상 우 봉사를 하면 할수록 아사코 씨가 느끼는 보람도 클 거예요. 봉사를 안 해 본 사람은 느낄 수 없는 거지요.

아사코 다음에는 책도 읽어 드리고 학교에서 있었던 재미있는 이야기도 많이 해 드리고 싶어요. 할아버지, 할머니들이 기뻐하시는 모습을 보니까 저도 기분이 좋았거든요. '좀 더 빨리 시작했어야 하는데…….' 하는 후회가 들어요.

8과 실망스럽기도 하고 놀랍기도 했다

1) 노래방에 갈 때마다 걱정스럽습니까? 그러면 행복문화센터로 오십시오. 요즘 유행하는 노래는 물론이고 원하시면 옛날 노래도 가르쳐 드립니다. 일주일에 두 번, 한 달에 삼만 원이면 여러분도 가수처럼 노래를 잘할 수 있습니다. 신청을 원하시는 분은 지금 바로 전화해 주십시오.

2) 한국 요리를 배우고 싶으세요? 요리에 관심이 있거나 요리에 자신이 없으신 분들은 행복문화센터로 전화해 주십시오. 김치, 불고기뿐만 아니라 손쉽게 만들 수 있는 간단한 요리도 가르쳐 드립니다. 재료비만 준비하십시오. 매주 화요일 2시간만 배우면 여러분도 요리사! 지금 인터넷으로 신청해 주시기 바랍니다.

3) 한국 사람처럼 한국어를 자연스럽게 하고 싶습니까? 행복문화센터에서는 외국인들을 위한 한국어 수업이 있습니다. 매일 오전 9시부터 11시까지, 한국어 초급을 마친 분들이나 한국말을 더 잘하고 싶은 분들을 위해 준비하였습니다. 읽기, 쓰기, 듣기, 말하기 수업을 통해 자연스럽게 한국어 실력이 늘 것입니다. 책값만 내시면 무료로 배울 수 있습니다. 외국인 여러분의 많은 신청을 바랍니다.

9과 행복한 삶을 살고자 하는 웰빙 문화

진행자 오늘은 한국대학교 김민수 교수님을 모시고 건강하게 오래 사는 방법에 대해 알아보겠습니다. 교수님, 안녕하세요?

교 수 안녕하세요?

진행자 요즘 웰빙에 대한 관심이 점점 많아지면서 건강하게 오래 사는 방법에 대해 알고 싶어하는 분들이 많은데요. 교수님, 특별한 방법이 있나요?

교 수 특별한 방법요? 항상 긍정적으로 생각하는 게 가장 중요하다고 할 수 있지요. 그리고 술과 담배는 안 하시는 게 좋고요. 식사의 양도 줄이는 게 좋습니다. 그리고 운동을 꾸준히 하셔야 합니다. 우리가 보통 다 알고 있는 것들인데 실천을 하는 사람들은 그렇게 많지가 않지요.

진행자 알고 있는 걸 실천하는 것이 중요하군요. 성격과 오래 사는 것은 아무 관계가 없나요?

교 수 최근 과학자들은 외향적이며 친구가 많은 사람일수록 더 행복하고 오래 살 수 있다고 합니다.

진행자 혹시 부모의 성격이 자녀의 건강에 영향을 미치기도 하나요?

교 수 어떤 과학자는 어머니의 성격이 아이들의 건강에 영향을 미친다고 합니다. 걱정이 많고 우울하고 자주 화를 내는 사람일수록 초콜릿, 케이크 등 단 음식을 아이들에게 많이 먹이게 된다고 해요. 어릴 때의 이러한 식사 습관은 어른이 되어서 쉽게 바꾸기 힘들고, 우울한 엄마의 아이는 건강이 쉽게 나빠질 수 있다는 것이죠.

진행자 그렇군요. 여러분, 잘 들으셨습니까? 오늘부터 건강하게 오래 살기 위해 우리가 알고 있는 걸 하나씩 실천해 보는 건 어떨까요? 교수님, 좋은 말씀을 해 주셔서 감사합니다.

10과 일본과 달리 첨잔을 하면 안된다면서?

샤오밍 아사코 씨, 일본에도 설날에 먹는 특별한 음식이 있어요?

아사코 그럼요. 오세치 요리가 설 음식이에요.

샤오밍 한국의 떡국과 비슷해요?

아사코 아니요, 달라요. 떡국처럼 물이 많은 음식이 아니에요. 오세치 요리는 한 번에 많이 만들어서 설 연휴 동안 계속 먹어요. 여러 가지 재료를 가지고 만드는데 그 재료들은 모두 특별한 뜻이 있어요. 좋은 일이 많이 생기고 가족 모두 건강하게 오래 살라는 뜻이에요. 그리고 설 전날 밤에는 가족이 함께 국수를 먹어요.

샤오밍 그렇군요. 재미있네요.

아사코 샤오밍 씨, 중국에서는 설날에 뭘 먹어요?

샤오밍 중국에서는 설날에 만두를 먹어요. 만두가 중국의 옛날 돈과 비슷하게 생겨서 중국 사람들은 설날에 만두

LEVEL 4

를 먹으면 돈이 많이 생긴다고 생각하거든요. 만두를 만들 때 동전을 넣는데 그 동전이 들어 있는 만두를 먹으면 1년 동안 좋은 일이 생긴다고 생각해요.

아사코 중국 풍습도 참 재미있네요. 설날에 먹는 음식은 달라도 좋은 일이 생기기를 바라는 마음은 어디나 마찬가지인 것 같아요.

11과 만난 지 두 달밖에 안됐다고 하더라고요

사회자 요즘 결혼정보회사를 통해 결혼 상대자를 찾는 사람들이 점점 늘고 있다고 합니다. 이번에 백 번째 커플의 결혼을 성공시킨 커플 매니저 이윤정 씨를 모시고 자세한 이야기를 들어 보겠습니다. 이윤정 씨, 안녕하세요?

이윤정 안녕하세요? '행복한 결혼'의 커플 매니저 이윤정입니다.

사회자 '행복한 결혼'에서 이윤정 씨가 하는 일에 대해 자세히 소개해 주세요.

이윤정 결혼을 하고 싶어하는 분들이 저희 회사에 회원 가입을 하면 개인적으로 만나서 이야기를 해 보고 그 분들에게 어울리는 사람을 찾아서 소개해 주는 일을 합니다.

사회자 얼마 전에 백 번째 커플의 결혼을 성공시켰지요? 커플 매니저 일을 해 오시면서 어렵거나 힘든 일도 있었을 것 같은데 어떠세요?

이윤정 회원들 중에는 결혼 상대자의 조건만 중요하게 생각하는 사람들이 있습니다. 상대자의 성격이나 취미 등에는 관심이 없고 능력이나 외모만 보려고 하는 회원들을 만나면 일을 하기가 쉽지 않습니다.

사회자 결혼정보회사를 통해서 결혼 상대자를 찾는 일에 대해서 어떤 사람들은 부정적으로 생각하고 있는 것 같은데 어떻게 생각하세요?

이윤정 물론 부정적으로 생각하는 분들도 계세요. 하지만 이 세상에는 돈으로 살 수 없는 게 있습니다. 바로 사람의 마음이지요. 조건이 아무리 중요해도 결혼을 결심하게 만드는 것은 사람의 마음입니다. 우리의 삶에서 결혼은 아주 중요한 일입니다. 결혼을 하고 싶어하는 사람들에게 서로 마음을 나눌 수 있는 사람을 찾아 주는 일이 바로 제가 하는 일입니다. 제 소개로 만난 분들이 결혼해서 행복하게 잘 살고 있다는 소식을 들을 때마다 큰 보람을 느낍니다.

12과 겨우 몇 마디만 할 수 있을 뿐이었다

마이클 아사코 씨, 왜 갑자기 웃어요? 무슨 재미있는 일이 있었어요?

아사코 아니요, 마이클 씨 가방을 보니까 옛날 일이 생각나서요.

마이클 그래요? 무슨 일이 있었는데요?

아사코 한국에 온 지 얼마 안 되었을 때였어요. 버스를 탔는데 그날따라 사람이 많아서 복잡했어요. 나는 자리가 없어서 어떤 아저씨 앞에 서 있었어요. 그런데 그 아저씨가 계속 나를 보는 거예요.

마이클 그래서요?

아사코 그 아저씨가 나에게 말을 했는데 나는 무슨 말인지 못 알아들었어요. 그런데 갑자기 그 아저씨가 내 가방을 잡더라고요.

마이클 그 아저씨가 도둑이었나 봐요?

아사코 나도 그 아저씨가 도둑인 줄 알았어요. 너무 무서워서 차에서 내려서 가방을 안고 학교까지 걸어왔어요.

마이클 정말 무서웠겠어요.

아사코 네, 그때는 정말 무서웠어요. 그런데 한국에서 생활하다 보니 그때 그 아저씨가 친절한 사람이었다는 것을 알게 되었어요.

마이클 네? 그게 무슨 말이에요?

아사코 그 아저씨는 내 가방이 하도 무거워 보여서 받아 주려고 했던 것 같아요. 한국 사람들은 지하철이나 버스에서 다른 사람의 무거운 가방을 잘 받아 준다고 해요.

13과 우리를 가족처럼 대해 주셨어요

리 포 터 요즘 많은 외국인이 한국을 찾고 있습니다. 외국인들은 한국에서 지내면서 좋은 점도 많았지만 불편하거나 이해할 수 없었던 점도 많을 겁니다. 그러면 이분들이 힘들어했던 것이 무엇인지 들어 볼까요?

외국인1 한국에 와서 가장 이해할 수 없었던 것은 사람들이 길을 가다가 부딪쳐도 미안하다고 사과를 안 하는 것이었어요. 독일에서는 사과를 하지 않으면 큰일 나요.

외국인2 한국에 여행을 왔는데 표지판 읽기가 어려워 길 찾기가 쉽지 않았어요. 미국에서는 지도와 표지판을 보면서 길을 찾는 것을 배우기 때문에 길 찾는 것을 어렵게 생각하지 않았어요. 그런데 한국은 사람들에게 물어 봐야 길을 찾을 수 있어요.

외국인3 한국의 문화나 한국인의 마음과 성격을 알고 싶어서 한국 영화를 보고 싶었어요. 그런데 영어 자막이 나오는 영화관이 없어서 볼 수 없었어요. 우리 고향에는 외국인을 위해 영어 자막이 나오는 영화관이 따로 있는데 한국에도 있었으면 좋겠어요.

외국인4 한국은 늦은 시간까지 버스와 지하철이 있어서 좋아요. 일이 늦게 끝나도 걱정이 없어요. 하지만 버스를 타고 내릴 때 좀 무서워요. 손님들이 자리에 앉기 전에 출발하거나 다 내리기 전에 출발하기도 해요. 버스 아저씨들이 너무 빨리 운전해서 좀 위험

한 것 같아요.

리 포 터 네, 잘 들었습니다. 방금 이분들이 말씀하신 문제들을 한번 생각해 보고 고칠 수 있는 것은 고쳐야겠습니다. 그러면 한국을 찾아오는 분들에게 더 좋은 한국의 모습을 보여 줄 수 있을 것입니다.

14과 얼마나 걱정을 했는지 몰라요

팀 소영 씨, 한국 사람들은 보통 아기 생일에 무슨 선물을 많이 해요?

소영 아기 생일 선물은 왜요?

팀 돌잔치에 초대를 받았는데 무슨 선물을 하면 좋을지 잘 모르겠어요. 아기 옷이나 장난감을 사 본 적도 없고요.

소영 한국에서는 돌잔치 때 금반지를 선물하는 사람들이 많아요.

팀 네? 아이 생일에 금반지를 선물해요?

소영 아이의 한 살 생일은 특별한 날이거든요. 옛날에는 먹을 것이 부족했고 좋은 약이 많이 없었기 때문에 아기들이 죽는 일이 많았대요. 그래서 건강하게 오래 살라는 뜻으로 금을 선물했어요.

팀 그렇군요. 한국 사람들은 특별한 선물을 잘하는 것 같아요. 이사한 집에 휴지나 가루비누를 선물하는 것도 그렇고요.

소영 네, 맞아요. 그런데 금반지는 좀 비싸지만 변하지 않고, 오래 가지고 있을 수 있어서 좋은 것 같아요. 나중에 돈으로 바꿔서 아이에게 필요한 물건을 사 줄 수도 있고요. 우리 언니는 조카 돌 때 받은 금반지를 모두 조카의 이름으로 고아원에 기부했어요. 조카의 첫 생일을 기념하고 싶어서 그렇게 했대요.

팀 그래요? 그 아기는 벌써 좋은 일을 했으니까 나중에는 훌륭한 일을 더 많이 하겠네요.

소영 아마 언니의 마음도 그렇겠지요? 그런데 팀 씨는 무슨 선물을 준비 할 거예요?

팀 소영 씨 얘기를 듣고 보니 저도 변하지 않는 선물을 하고 싶은데요. 나중에 내 선물이 아기를 위해 소중하게 사용되면 좋을 것 같아서요.

15과 고진감래

아들 엄마는 아빠를 어떻게 만나셨어요?

엄마 20년 전쯤이었어. 그때 엄마랑 아빠는 대학에 다니고 있었는데 둘 다 사귀는 사람이 없었지. 그래서 엄마 친구가 엄마한테 아빠를 소개해 줬어.

아들 그랬군요. 아빠를 처음 만나셨을 때 어땠어요?

엄마 웃는 모습은 매력적이었지만 키도 작고 너무 조용한 성격이라서 별로 마음에 들지 않았어.

아들 정말요? 마음에 안 드셨는데 어떻게 결혼하시게 됐어요?

엄마 한 번, 두 번 계속 만나다 보니까 아빠가 좋은 사람이라는 걸 알게 됐지. 그리고 무엇보다 아빠가 엄마를 아주 많이 사랑했거든. 옛날에는 아빠가 엄마 생일을 한 번도 잊어버린 적이 없었어. 엄마 생일이 되면 아빠는 항상 꽃과 선물을 준비하고 엄마한테 노래도 불러 주고 편지도 써서 줬어.

아들 우와, 아빠가 정말 그랬어요? 저는 아빠가 그러셨다는 걸 믿을 수가 없어요.

엄마 지금의 아빠 모습만 보면 믿을 수 없을 거야. 그렇지만 20년 전에는 달랐어. 그때는 아빠가 절대로 변하지 않을 거라고 생각했는데, 지금 너희 아빠는 엄마 생일은커녕 우리가 결혼한 게 언제인지도 기억 못할 거야.

아들 하하, 걱정하지 마세요. 제가 잘 기억하고 있다가 아빠가 잊어버리시기 전에 미리 말씀 드릴게요.

16과 면접을 볼 때는 실력 못지않게 태도도 중요하다

샤오밍 안녕하십니까?

면접관 네, 안녕하세요. 이름이 뭐예요?

샤오밍 저는 샤오밍이라고 합니다.

면접관 자기소개를 간단하게 해 보세요.

샤오밍 제 고향은 중국 베이징입니다. 저는 성격이 활발한 편이고 취미는 운동입니다. 저는 컴퓨터에 관심이 많아서 한국에 오기 전에 중국에서 열린 각종 대회에서 상을 많이 받았습니다. 또 한국에 오기 전에는 컴퓨터 회사에서 잠깐 아르바이트도 했습니다.

면접관 그래서 전공을 컴퓨터학으로 정했어요?

샤오밍 네, 그렇습니다. 컴퓨터학과에 가서 컴퓨터에 대해서 더 자세히 배우고 싶습니다. 특히 컴퓨터 프로그램을 직접 만들어 보고 싶습니다.

면접관 한국에서 공부하고 싶은 이유가 있어요?

샤오밍 한국의 컴퓨터 기술은 세계 최고라고 들었습니다. 그래서 한국에서 컴퓨터 공부를 하기로 마음먹었습니다.

면접관 그러면 졸업 후에는 뭘 하고 싶어요?

샤오밍 컴퓨터 게임을 만드는 회사에 들어가고 싶습니다. 그래서 누구나 좋아할 수 있는 게임을 만들어 보고 싶습니다.

면접관 네, 잘 들었습니다. 합격하면 즐거운 대학 생활을 보내기를 바랍니다.

샤오밍 감사합니다.

17과 리처드 용재 오닐의 '공감'

여러분, 안녕하세요. 저희 '책이 있는 하루'에서는 매주 시청자 여러분께서 뽑아 주신 책을 한 편씩 소개해 드리고 있는데요, 이번 주의 책은 '꽃들에게 희망을'이란 책입니다. 제목이 아주 예쁘지요? 이 책은 작은 벌레 두 마리에 대한 이야기입니다. 여러분이 이 책을 읽으면 주인공인 작은 벌레들의 삶을 보면서 우리의 인생을 다시 생각하게 될 것입니다.

옛날에 아주 작은 줄무늬 벌레가 태어났습니다. 줄무늬 벌레는 나뭇잎을 먹고 조금씩 자랐습니다. 어느 날 줄무늬 벌레는 먹는 일 말고 다른 일을 하고 싶었습니다. 그래서 나무를 떠나 여행을 갔습니다. 여행을 하던 줄무늬 벌레는 높은 곳으로 올라가는 다른 벌레들을 보았습니다. 그 위에 무엇이 있는지 궁금한 줄무늬 벌레는 다른 벌레들과 함께 정상을 향해서 올라갔습니다.

벌레들은 먼저 높은 곳으로 올라가기 위해 다른 벌레와 싸우고 다른 벌레를 눌렀습니다. 다치는 벌레도 있었습니다. 줄무늬 벌레 갑자기 위로 올라가는 일이 싫어졌습니다. 그리고 자기와 생각이 비슷한 노란색 벌레를 만나 함께 땅으로 내려옵니다.

땅에서 행복한 시간을 보내다가 줄무늬 벌레는 다시 다른 벌레들과 함께 정상을 향해 올라갑니다. 더 열심히 다른 벌레들과 싸워서 정상에 도착했습니다. 그러나 그곳에는 아무것도 없었습니다. 실망한 줄무늬 벌레는 땅으로 돌아와 노란색 벌레를 찾았지만 만날 수 없었습니다.

그때 아름다운 노란색 나비가 줄무늬 벌레에게 날아왔습니다. 나비는 바로 노란색 벌레였습니다. 줄무늬 벌레가 다른 벌레들을 누르고 싸우며 정상을 향해 올라가는 동안 노란색 벌레는 아름다운 나비로 변한 것이었습니다.

이 책은 더 많은 것을 원하면서 힘든 삶을 살고 있는 우리에게 희망과 행복은 지금 이 자리에서 찾을 수 있다는 것을 알게 해 줍니다. 오늘부터 여러분의 희망과 행복을 자신의 주위에서 찾아보는 게 어떨까요? 생각보다 쉽게 행복해질 수 있을 겁니다.

18과 돼지꿈을 꿨어요

우리가 자는 사이에도 머리는 쉬는 것이 아니라 끝없이 활동을 한다고 합니다. 그것은 우리가 꿈을 꾸는 것을 보면 알 수가 있습니다. 그래서 꿈은 그 꿈을 꾸는 사람의 현실과 관계가 있다고 생각하는 사람도 있습니다.

한국 사람들은 꿈에 대해 어떻게 생각할까요? 누구나 잠을 자면서 꿈을 꾸게 되는데 어떤 종류의 꿈은 특별한 뜻을 가지기도 합니다. 어른들은 높은 곳에서 떨어지는 꿈을 꾸면 키가 큰다고 하십니다. 세수를 하는 꿈은 걱정이 없어진다는 뜻이라고도 합니다.

한국 사람들이 제일 좋아하는 꿈은 돼지꿈이죠. 돼지꿈을 꾼 사람들은 복권을 사기도 합니다. 이때 다른 사람에게 꿈 이야기를 하면 복이 없어진다고 하지요. 반대로 물에 빠지는 꿈을 꾼 사람들은 나쁜 일이 생길 거라고 생각하기 때문에 어떤 일을 할까 말까 고민하기도 합니다. 여행 계획을 취소하거나 운전을 안 하는 사람도 있습니다. 물론 꿈은 꿈일 뿐, 현실과 아무 상관이 없다고 생각하는 사람도 많습니다.

여러 가지 꿈 중에서 태몽은 아주 특별합니다. 태몽은 아기가 태어나게 될 것이라는 걸 알려 주는 꿈인데, 아기의 엄마뿐만 아니라 가족들이 꾸기도 합니다. 예쁜 과일이나 꽃에 대한 꿈을 꾸면 여자 아기가 태어날 것이고 큰 동물이 나오는 꿈을 꾸면 남자 아기가 태어날 것이라고 합니다. 가족들은 태몽 이야기를 하면서 태어날 아기를 기다립니다.

19과 이대로 가다가는 큰일이에요

상 우 아사코 씨, 내일은 학교에 올 때 버스나 지하철을 타고 오는 게 좋겠어요.

아사코 왜요? 내일 학교에 차를 가져오면 안돼요?

상 우 내일이 이번 달 마지막 목요일, 바로 '차 없는 날'이잖아요. 내일은 학교에 차를 가지고 오면 안돼요.

아사코 아, 맞아요. 지난달에도 깜박 잊고 저만 차를 가지고 와서 당황했는데 또 잊어버릴 뻔했네요. 상우 씨는 내일 어떻게 학교에 올 거예요?

상 우 저는 자전거를 타고 오려고요. 평소보다 30분 정도만 일찍 일어나면 자전거를 타고 올 수 있을 것 같아요.

아사코 그래요? 그거 좋은 생각이네요. 저는 지하철을 타고 와야겠어요. 그런데 지하철을 타려면 일찍 일어나야 되고 출근 시간이어서 지하철도 복잡하고 많이 불편할 것 같아요.

상 우 그렇지요? 그동안 우리가 차를 이용하는 데 너무 익숙해졌나 봐요. 그런데 요즘 교통이 복잡해지고 환경 문제가 심각해지니까 자동차 이용을 줄이자는 캠페인이 늘어나고 있어요.

아사코 그렇지 않아도 서울에는 시민 모두가 참여하는 '차 없는 날'도 있다고 들었어요.

상 우 네, 이날에는 사람들이 차를 집에 두고 버스나 지하철을 타고 다니고 가까운 거리는 걷거나 자전거를 이용해요. 또 시내에 '차 없는 거리'를 정해 두고 차는 못 다니는 대신 사람들이 마음대로 걸어 다닐 수 있도록 하고요.

아사코 그렇군요. 저도 환경을 생각해서 한 달에 한 번이지만 '차 없는 날'을 꼭 지켜야겠어요.

20과 삼년고개

기 자 여러분, 안녕하십니까? 오늘은 이번 올림픽에서 1등을 차지한 김아영 선수를 모셨습니다. 이번 대회에서 우승을 함으로써 '연습 벌레' 에다가 '스케이트의 여왕' 이라는 이름을 새로 얻게 되었는데요. 오랜만에 한국에서 휴가를 보내고 있는 김아영 선수, 안녕하세요? 반갑습니다.

김아영 네, 안녕하세요?

기 자 올림픽에서 1등 한 것을 정말 축하 드립니다. 대회 중에 다리를 다쳤다고 하던데 괜찮으세요?

김아영 네, 국민 여러분께서 걱정해 주신 덕분에 많이 좋아졌어요. 마지막 대회 때는 진통제를 먹고 나갔는데, 이제 다 나은 것 같아요.

기 자 굉장히 아팠을 텐데 어떻게 끝까지 참고 경기를 했어요?

김아영 포기하고 싶지 않았어요. 어렸을 때 아버지께서 내가 연습이 힘들다고 할 때마다 해 주신 얘기가 자꾸 생각이 났거든요.

기 자 무슨 이야기인지 우리도 좀 알 수 있을까요?

김아영 아프리카에서 사람들이 코끼리를 잡을 때 사용하는 방법에 관한 얘기인데요. 아프리카 사람들은 코끼리를 잡을 때, 큰 나무 앞에 코끼리가 잘 먹는 것을 두고 코끼리가 나무 근처에 오면 다가가서 코끼리의 다리를 나무에 묶는대요. 코끼리는 처음에는 도망가려고 하지만 큰 나무 때문에 움직일 수가 없으니까 나중에는 포기하죠. 이렇게 며칠 지난 다음에 코끼리를 집 근처 작은 나무에 묶는데, 코끼리는 이 나무가 큰 나무와 같을 거라고 생각하고 도망갈 생각도 하지 않는대요. 아버지께서는 이 이야기를 해 주시며, 작은 나무를 큰 나무라고 잘못 생각하고 미리 포기하는 것이 아닌지 항상 생각해 보라고 하셨어요. 그래서 포기하고 싶은 일이 생길 때마다 그 일을 '작은 나무'라고 생각을 하며 끝까지 최선을 다하게 되었어요.

기 자 그렇군요. 저도 이 이야기를 항상 기억해야겠는데요. 그럼 다음 계획에 대해 들어 볼까요? 다음 경기는 언제지요?

LEVEL 4

살아있는 한국어 Ⅳ

지은이 김선정, 김성수, 강진숙, 김경하, 이혜영

삽 화 이진한

펴낸이 신일희

펴낸곳 계명대학교 출판부

초판1쇄발행 2009년 5월 30일

초판7쇄발행 2024년 11월 28일

주소 대구 달서구 달구벌대로 1095

전화 053) 580-6233

팩스 053) 580-6235

ISBN 978-89-7585-569-6

ISBN 978-89-7585-565-8 (세트)

※잘못된 책은 교환해 드립니다.

정가 17,000원